와인 천재가 된 홍대리

와인 천재가 된 홍대리

신성호 지음

다산
라이프

홍진구(33세)

식품회사 구매팀 대리. 사람은 좋지만 배려의 기술은 조금 부족하다. 몰라도 아는 척, 없어도 있는 척을 좀 하는 성격으로 비슷한 성격의 김 대리와 종종 부딪힌다. 그러나 와인을 알게 되면서 그런 성격을 교정하게 되며 인간적으로 성장한다. 겉으로는 스타일리시해 보이지만 소주를 좋아하고 마셨다 하면 끝을 본다. 이류 대학을 나왔지만 동기들보다 남다른 노력을 한 덕분에 영어가 좀 된다. 회사에서 가장 잘나가는 상품개발팀을 선망하지만, 처음에는 그 부서로 옮겨야 할 분명한 이유를 찾지 못했다.

방도욱(방 선생)

타고난 감성과 미각의 소유자. 한고집 하는 성격. 세계적인 와인 생산자가 되기를 꿈꾸었다. 하지만 원산지에서 전문적인 공부를 해야 하는데, 집안의 반대와 경제적인 이유로 좌절하고 지금은 와인 수입업자로 일하고 있다. 상한 와인을 왜 파느냐며 따지는 항의 전화를 받고 홍 대리를 만나게 되는데, 그것을 계기로 특별한 미각 훈련을 시켜 주게 된다.

이도나(29세)

홍 대리의 일 년 후배이며 늘 붙어 다니는 구매팀 동료. 홍 대리가 와인을 알아 나가는 과정을 함께하며 물심양면으로 든든한 조력자가 된다. 홍 대리를 한 번도 이성으로 느껴 본 적은 없지만 그를 따라 와인 공부를 하면서 조금씩 사랑이 싹트기 시작한다.

공장장

지방 공장의 엔지니어 출신 공장장. 프랑스 기술지원팀의 방문을 받고 접대하는데, 마침 본사에서 출장 온 홍 대리에게 회식에 참석해 줄 것을 부탁한다. 더불어 와인통인 프랑스 기술지원팀 팀장에게 선물할 와인을 사다 달라고 부탁한다.

자크

프랑스 기술지원팀 팀장. 프랑스에서 제빵 기술을 전수해 주러 왔다. 자국의 와인을 광적으로 좋아하며, 전문가 수준의 와인 지식을 가진 와인통이다.

지우

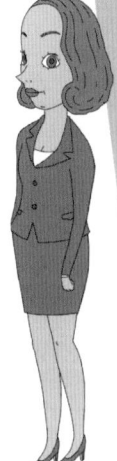

홍 대리의 추억 속에 등장하는 옛 여자친구로, 배려가 부족한 홍 대리와 다툼이 잦아지면서 헤어졌다. 와인을 좋아해 와인바에 가자고 자주 졸랐지만 소주만 고집하던 홍 대리 때문에 같이 와인을 마셔 본 적은 거의 없다. 와인을 왜 좋아하는지 자주 이야기하고 좋아하는 와인 리스트를 홍 대리에게 자주 이야기했다.

김 대리(33세)

상품개발팀 대리. 홍 대리의 경쟁자. 평소에 와인에 대해 아는 척을 하고 다닌다. 홍 대리는 전문 용어를 남발하는 그가 겉멋만 들었지 깊이는 없다고 생각한다. 하지만 동호회 활동을 함께 하며 뜻밖에도 와인에 대한 진지한 태도를 보여 관계가 호전된다.

 *Contents*

초보자들을 위한
가장 효과적인 와인 지침서

내게 지난 12년은 와인과 함께 살아온 시간이었다. 흔히 와인은 발명이 아니라 발견이라고 한다. 포도가 으깨어지면서 와인으로 탈바꿈하는 현상이나 세계적으로 명성을 날리는 포도밭들도 모두 발명한 것이 아니라 발견해 낸 것들이기 때문이다. 나 또한 와인과 그렇게 인연을 맺었다. 어느 날 문득 찾아온 날카로운 진실의 순간, 운명적으로 와인을 발견하고 업으로 삼아 온 지 어언 12년이 됐다.

돌이켜 보면 그 긴 시간 동안의 나는 이 책에 등장하는 홍 대리나 방 선생과 닮아 있다. 홍 대리처럼 의도하지 않은 계기로 와인의 매력에 빠져들었고, 방 선생처럼 와인을 일로 삼고 있으면서 그 방대한 깊이와 다양성을 다른 사람들에게 효과적으로 전달하기 위하여 많은 생각과 활동을 해왔다.

　와인을 배우는 길은 외국어를 배우는 것과 같다. 능숙하게 외국어를 구사하는 사람들을 보면 누구나 처음엔 글자를 익히고, 다음으론 단어, 숙어와 문법을 익히며, 듣고 말하는 연습을 꾸준히 했을 것이다. 와인도 마찬가지다. 와인을 익히기 위해서는 다양한 포도 품종과 원산지, 전문용어, 수많은 생산자(와이너리)의 이름을 익히고 꾸준히 마셔 봐야 한다.

　외국어를 잘 하는 사람들은 외국어를 통해 단순히 외국인과 의사소통만 하는 것이 아니라 세상을 바라보는 눈 자체가 넓어진다는 말을 한다. 와인도 마찬가지다. 서구인들의 역사와 삶 속에 깊이 녹아 있는 와인은 우리를 새로운 미각과 문화의 세계로 안내한다. 동시에 그것은 훌륭한 소통과 비즈니스의 도구이기도 하다.

　이 책을 통해서 이제 독자들도 와인의 즐거움을 발견하시기 바란다. 와인이 어렵다고 지레 겁먹을 필요가 없다. 이 책은 와인을 발견하고 알아 가고자 하는 사람들에게 어떤 시각으로 와인을 바라보면 좋은지를 매우 쉽게 풀어서 전달하고 있다. 그리고 그 '쉽게 익히고 알아가는 것'은 저자가 이 책을 쓰면서 가장 크게 의도한 부분이다.

그래서 이 책은 이제 막 와인에 대해 알아 가려는 사람들이 읽어 주었으면 좋겠다. 와인을 마시고 그것을 어떻게 표현하면 좋을지 궁리해 보았거나, 와인을 어떤 관점에서 바라봐야 큰 그림을 볼 수 있을지에 대해 생각해 본 사람들에게 의미 있는 지침서가 되었으면 좋겠다.

이 책에 등장하는 와인들은 해당 유형의 특징을 잘 보여 주는 모범적 와인들로 선정하였으나 꼭 이 와인들이 아니라도 다른 좋은 와인들이 얼마든지 있음을 밝힌다. 이 책에 나오는 다섯 가지의 과제를 직접 체험해 보고자 하는 독자는 이 점을 참고해 두면 좋을 것이다.

내가 그랬듯, 와인의 진수와 마주치는 날카로운 진실의 순간이 언제 독자들을 찾아갈지 모른다. 그리고 그 순간을 경험하고 나면 와인은 절대 예전과 같은 모습으로 보이지 않을 것이다. 모든 와인의 라벨을 관심 있게 보고, 어렵지만 와인과 포도 품종의 이름들을 발음하려고 할 것이며, 잠자던 감각이 깨어나 일상생활 속에서 만나는 향기들에게 인사를 건네게 될 것이다. 무엇보다 자연과 농부에 대해 감사한 마음을 갖게 될 것이다.

오크통에서 숨쉬며 숙성되던 와인을 병에 담아 세상으로 출시

하듯 이제 이 책을 세상과 독자들 앞에 내놓으려고 하니 많은 분들에게 감사하게 된다. 와인의 본질을 이해할 수 있는 심성을 주신 부모님, 직업으로서는 힘든 와인의 길을 걷는 가장을 둔 가족들, 격려와 관심을 아끼지 않으신 회사의 선배·동료·후배님들과 끝으로 와인 분야에서는 전문가이지만 책을 쓰는 데 있어서는 초보 작가인 내게 무한한 신뢰와 인내심을 보여 주신 다산북스 관계자들, 또 멋진 일러스트로 책의 가치를 더해 준 박상현님에게도 깊이 감사드린다.

2012년 8월
신성호

wine
meritage
vintner
chardonnay
sommelier
VARIETAL
tafelwein
ZINFANDEL
rosé
sonoma
cabernet
spumante
grapes
MERLOT vin
PINOT GRIS
port garagiste
apéritif flagon
body monocepage
vintage MAGNUM NOSE
bordeaux RIESLING LEGS
bodega velvety winery
backbone vermouth bottle
velvety sangiovese barbera
moralis
RESERVE cantina spatlese
WINERY complex garrigue
vinsanto retsina
vigneron CORKSCREW oaky
frizzante cuvée PETIT CHATEAU
shiraz sherry vino syrah CORK
cabernet sauvignon
oenologist RED WHITE
oaky
semillom muscat AROMA
austere
earthy sweet rosso
fruity lombardy chianti
trebbiano ROSSO tannin
bouquet dry CHABLIS
abboccato
beaujolais champagne
SOAVE blush sparkling
supple rodits
DOMESTIC montepulciano
cultivar soutirage
thin
vinafera LIEBFRAUMILCH
phenolies VITIS VINIFERA
ampelography absteme
gewürztraminer
crisp amarone
madeira meursault
CELLAR fino CORKED
ASCESCENCE
Bordeaux astringent
brandy
catarratto tart ROBUST
catawba
terroir piedmonte inzolia
SAKE OMAR KHAYYAM ortega
chenin blanc irvine PLONK
méthode champenoise

z sherry vino syrah
ernet sauvign
nologist RED WH
oaky
millom muscat ARON
austere
arthy sweet ross
fruity lombardy chian
ebbiano ROSSO tann
uquet dry CHABL
abbo
aujolais champ
blush spar
mon
r
BF
IT
ti
ci
a
fino
ASCESCENCE
astring

제1장

와인이 대체 뭐길래!

특명, 접대할 와인이 필요하다!

"혹시 와인 좀 알아?"

홍 대리는 때늦은 점심을 먹다 말고 테이블 맞은편에서 커피를 홀짝이는 도나에게 지나가는 말처럼 물었다. 도나는 지나치다 싶게 눈을 댕그랗게 뜨고는 고개를 저었다.

"그 표정은 뭐야?"

홍 대리는 입안의 음식물을 다 삼키지도 않고 말했다.

"제 표정이 왜요?"

웃음기 가득 담긴 얼굴을 하고는 도나가 새침하게 대꾸했다.

"진주목걸이를 한 돼지를 보는 것 같은 표정."

"비유도 참."

"아니야?"

"선배 소주파잖아?"

"그렇지. 이런 날엔 소주에다 따끈한 부대찌개가……. 아, 그게 아니라, 어쨌든 와인 좀 알지 않아? 여자들은 와인 좋아하는 것 같던데."

"사람 나름이죠. 와인은 별로. 비싸잖아요. 그런데 왜요?"

"그게……."

막상 설명을 하자니 좀 난감하다는 생각이 들었다. 도나 말처럼 홍 대리는 자타가 공인하는 소주파였다. 다만 그 사실을 홍 대리가 속한 구매팀 이 과장만 모르고 있을 뿐이다. 심지어 그는 홍 대리가 와인을 꽤 즐기고 있다는 착각 아닌 착각을 하고 있었는데, 일이 그렇게 된 데에는 홍 대리의 책임이 아주 없지는 않았다.

지난 겨울, 이 과장의 도움을 받아 처리한 일이 있었다. 고마움을 표하기 위해 마땅한 선물을 찾던 홍 대리에게 그 무렵 여자친구였던 지우가 와인 선물을 권했다.

- 그분이 와인을 즐긴다며? 나도 와인을 좋아해서 아는데, 괜찮은 와인을 선물 받으면 기분이 좋아져.

홍 대리는 와인에 대해 아는 바도 없고 와인이 선물이 될 수 있다는 건 생각도 못했지만, 지우가 도와주겠다고 나서는 바람에 그 말을 따르기로 했다. 그녀는 선물받는 사람이 그다지 부담스러

위하지 않을 가격이면서도 좋은 맛을 내는 와인이라며 '몬테스 알파(Montes Alpha)'를 추천했다. 그러고는 선물을 주는 사람도 그 선물에 대한 기본적인 정보는 알고 있어야 한다며 몬테스 알파에 대한 설명까지 덧붙였다.

- 몬테스 알파는 칠레 와인이야. 칠레 와인은 가격 대비 풍미가 뛰어난 밸류와인인데, 그중에서도 선두를 지키는 와인이라고 할 수 있지. 이 와인은 천사를 로고로 사용해 이른바 '천사의 와인'으로도 통해. 아주 멋진 별명이지?

사실, 홍 대리는 와인 하면 프랑스만 떠올렸기에 칠레산이라는 말에 내심 깜짝 놀랐다. 하지만 내색하지 않고 고개만 끄덕였다. 당연히 뭐가 멋지다는 건지 알 수도 없었다. 하지만 그녀의 선택이 탁월했던 것만은 분명했다. 몬테스 알파를 선물받은 이 과장이 홍 대리가 참 센스 있다며 칭찬을 아끼지 않았던 것이다. 자신의 안목은 아니었지만 칭찬을 받으니 어쨌든 기분은 좋았다. 그 기분에 취해 그는 자신이 와인을 꽤 즐기는 편이라고 거짓말을 해버렸다.

그때 일을 기억하고 있던 이 과장이 어제 홍 대리를 불러 용인 공장을 방문하는 프랑스 기술팀에게 와인을 대접하라는 지시를 내렸다. 와인과는 전혀 상관없는 제빵 기술 관련 방문이었지만 프랑스인들이 좋아하는 와인을 선물하면 대접받는 느낌을 줄 수 있을 거라고 했다. 이 과장은 홍 대리가 그 일에 누구보다 적임자라는 말까지 덧붙였다. 그 말에 으쓱해진 홍 대리는 결국 맡겨만 달라고 큰소리를 치고 말았다.

'지우랑 헤어지지만 않았어도……'

작은 오해가 큰 싸움으로 번져 서로에게 상처 주는 말을 주고받다 결국 헤어져 버린 뒤에도 홍 대리는 한동안 몸살을 앓듯 지우를 떠올렸다. 이제야 지우의 그림자에서 벗어났나 싶었는데 생각지도 못한 곳에서 지우의 지뢰를 밟아 버린 셈이었다. 게다가 지우를 그리워하기보다는 지우가 없어 아쉽다는 생각부터 하고 있는 자신이 구질구질하기까지 했다.

'이놈의 와인이 뭐라고.'

투덜거리는 그 순간에도 그는 이번 일을 잘해 내고 싶다는 간절한 욕망을 느꼈다. 어찌 되었든 자신을 믿어 주는 이 과장을 실망시키고 싶지 않았다. 게다가 인터넷만 뒤져 봐도 적당한 와인을 찾을 수 있을 거라는 계산속도 있었다.

와인에 대한 정보는 차고도 넘칠 것이다. 카페나 블로그, 그도 아니면 지식 검색까지 뒤지다 보면 적당한 와인을 못 찾을 것도 없었다. 그래서 어젯밤에는 술이나 한잔 하자는 친구들의 유혹도 뿌리치고 집으로 직행해 컴퓨터 앞에 앉아 와인에 대한 자료를 살폈다. 생각했던 대로 정보는 넘쳐났다. 그러나 바로 그 때문에 적당한 와인을 찾기가 더 어려웠다.

"선배, 와인이 왜 필요하냐고요? 혹시 우리 구매팀에서 와인까지 구매해야 하는 거야?"

도나가 테이블을 가볍게 치며 물었다.

"아, 그건 아니고…… 오늘 용인 공장에 가봐야 하거든. 프랑스 기술팀이 온다는데, 와인을 좋아한다더라고."

"그래요? 그런데 왜 선배가?"

"그러게 말이야. 왜 날까? 어쨌든 도나 씨도 잘 모른다는 거지?"

"뭐, 그렇죠. 개발팀의 김 대리님에게 물어봐요. 그분이 와인 좋아한다고 하던데."

홍 대리는 살짝 눈살을 찌푸렸다. 사실 그도 급한 마음에 김 대리를 떠올리긴 했다. 하지만 잘난 척 하나만큼은 국가대표급인 김 대리에게 도움을 받으니 맨땅에 헤딩하는 게 낫겠다 싶어 곧 생각을 접어 버렸던 것이다.

"아니면 인터넷 검색을 해보세요."

도나는 눈치 빠르게도 화제를 돌렸다.

"어제오늘 내내 해봤어. 그러느라 일도 못 했다."

"그럼…… 아, 와인 매장 직원에게 추천해 달라고 하면 되지 않을까요?"

"매장 직원?"

"뭐, 사실 쇼핑이 어려운 건 저렴한 가격에 좋은 물건을 구입하려다 보니 그런 거잖아요. 돈만 있으면 좋은 물건 구하는 게 어렵겠어요? 우리가 식재료를 구매할 때도 일차적으론 그쪽 회사가 준 정보부터 먼저 살펴보잖아요. 와인도 그러면 될 것 같은데요. 매장 직원에게 가장 비싸고 좋은 와인을 달라고 하면 그럭저럭 괜찮은 와인을 구할 수 있지 않을까요?"

"아! 그래. 왜 그 생각을 못 했을까."

홍 대리는 근심으로 구겨진 얼굴을 활짝 펴고 들뜬 목소리로 말했다. 그러고는 마음이 급해져서 벌떡 일어났다.

"밥은 다 먹고 가요."

"충분히 먹었어. 백화점에 들러 봐야지."

"성격도 급하셔."

"내일 보자고. 공장에서 바로 퇴근할 거니까."

홍 대리는 식판을 들고 가다 말고 도나 쪽으로 고개를 돌렸다.

"참, 도나 씨. 생큐! 도나 씨 덕분에 십 년 묵은 체증이 확 내려갔네."

"말로만?"

"조만간 저녁 살게."

"꼭이요."

"두말하면 잔소리지."

홍 대리는 유쾌하게 대답하고는 바삐 식당을 빠져나갔다. 사실 아직 두어 시간 정도 여유가 있었지만 어젯밤부터 신경 쓰였던 와인을 최대한 빨리 구입해 머릿속을 비우고 싶었다.

'그래 봤자 술인데.'

30년 인생에 술을 주제로 고민하기는 이번이 처음이었다. 이 것저것 따질 것 없이 마시면 되는 게 술이었다. 주량이 꽤 센 편인 데다 주사까지 없는 주당이라 나름대로 술에 대한 자부심도 있었다. 그래서 옛 여자친구였던 지우가 와인에 대해 이런저런 말을 하면 코웃음을 치며 무시하기까지 했다. 그럴 때마다 지우는 삼성 경제연구소에서 404명의 CEO들을 대상으로 조사한 와인 관련 설문 결과를 거론했다.

- 비즈니스에서 와인이 차지하는 비중이 높다고 응답한 사람 들이 95퍼센트나 돼. 와인에 대한 지식이 없어 스트레스를 받은 사람은 84퍼센트나 되고. 너 술자리는 사회생활이라면 서? 나랑 한 약속까지 취소하면서 술자리라면 기를 쓰고 가 잖아. 그렇게 사회생활 좋아라 하면서 와인은 왜 무시하는 건데?

- 무시하는 게 아니라……

- 넌 참 못됐어. 네 이야기는 줄기차게 하면서, 내가 관심 있는 이야기를 하면 지루해하거나 못 들은 척하잖아.

- 그럼 어쩌라고. 무슨 말 하는지 알아들을 수가 없는데.

- 그러니까 배우라고! 네가 좋아하는 사회생활에도 도움이 된다잖아. 아니, 그게 아니어도 내가 좋아하는 거니까 좀 노

력할 수도 있잖아. 남자친구랑 와인도 마시고, 와인에 대한 이야기도 나누고 싶다는데, 그게 그렇게 어렵냐? 이, 찐따야!

급기야 지우는 자신을 사랑하는 것 같지 않다는 말까지 뱉어 냈다. 홍 대리는 그렇지 않다고 박박 우겼지만 그녀는 믿지 않았다.

지금 와서 생각해 보면 그럴 만도 했다 싶기는 하다. 그녀의 말마따나 배려도 부족했고 신뢰를 줄 만한 행동을 한 적도 없었다. '조금만이라도 더 잘해 줄걸' 생각한 적도 있지만 뒤늦은 후회를 해봤자 소용없는 일이다.

회사 근처 백화점은 고급화 전략에 따라 웬만한 명품 매장은 다 들어서 있었다. 중저가 제품은 발도 붙이지 못하는 곳이니 와인도 좋은 것만 구비했을 거라는 막연한 기대감이 들었다. 홍 대리는 지하에 있는 와인 매장으로 들어섰다. 그러자 직원이 친절하게 인사를 하며 어떤 와인을 찾는지 물었다.

"그게⋯⋯."

마음은 급했지만 쉽게 입이 떨어지지 않았다. 상황을 설명하고 적당한 와인을 추천해 달라고 하려니 말이 길어질 것 같았고, 그냥 무턱대고 좋은 와인을 권해 달라고 하자니 몹시 없어 보일 것 같았다. 홍 대리는 대답 대신 바로 눈앞에 보이는 와인병을 진열대에서 빼내고는 꼼꼼히 살펴보는 척했다.

"칠레산 와인입니다. 가격 대비 꽤 고급스러운 맛을 내죠."

직원이 옆에서 설명했다.

'또, 칠레산인가?'

반사적으로 지우가 떠올랐다. 지우는 지금 뭘 하고 있을까? 문득 그런 생각이 들자 홍 대리는 무심코 쓴웃음을 지었다.

"이 와인이 마음에 들지 않으면 이건 어떻습니까?"

홍 대리의 표정을 잘못 이해한 직원은 다른 와인병을 꺼내 들고 와서는 권했다.

"이건 이탈리아 토스카나산으로 단맛이 없고 체리의 인상이 강합니다. 이탈리아 음식과 전체적으로 아주 잘 어울리죠."

"프랑스 사람들은 어떤 와인을 좋아할까요?"

홍 대리는 직원의 말을 끊으며 대뜸 물었다.

"사람 나름이겠죠."

"아, 그렇죠?"

"프랑스인에게 대접할 와인을 찾으십니까?"

"아, 네. 오늘 저녁에 식사 대접을 할 예정인데 적당한 와인이 있을까요?"

홍 대리는 직원과 눈을 마주치지 않으려고 진열장의 와인들을 쓱 훑어보며 지나가는 말처럼 물었다.

"저녁 메뉴를 알 수 있을까요?"

"네?"

"고기 요리면 레드 와인이, 해산물이나 생선 요리면 화이트 와인이 어울리거든요."

"그렇죠."

마치 자신도 알고 있었다는 듯이 맞장구를 치기는 했지만 속으로는 뜨끔했다. 몰라도 아는 척하는 게 만만치가 않았다. 그래도 아무것도 모른다는 걸 들키기는 싫어서 또 다른 와인을 꺼내 들고는 라벨을 읽는 시늉을 했다.

"식사 중에 마실 건데요, 고급 두 병, 평범한 것 세 병 정도가 필요합니다. 외국 VIP 접대가 있어서……."

"가격대는 어느 선까지 생각하십니까?"

직원이 물었지만 홍 대리는 선뜻 대답하지 못했다. 막연히 비싸고 좋은 와인을 찾아야겠다는 생각뿐이었다. 가격대 같은 건 염두에 두지도 않았으니 도통 가늠할 수가 없었던 것이다. 그렇다고 무작정 "비싼 걸로 주세요"라고 말할 수도 없는 노릇이었다. 이래저래 망설이고 있자 직원은 진열대 안쪽에서 와인병을 하나 꺼내 들고 와서 홍 대리에게 건넸다.

"이건 1992년산 샤토 브란 캉트낙(Chateau Brane Cantenac)입니다. 프랑스의 보르도 지역에서 재배한 포도로 담근 것인데, 특급 와인이라고 불리는 61개 그랑 크뤼(Grand Cru) 중 하나입니다. 그 중에서도 2등급이니 프랑스인들도 꽤 만족할 만한 제품이죠. 고급 와인으로는 이게 적당할 겁니다."

직원이 길게 설명을 해주었지만 홍 대리가 알아들은 건 그 와인이 1992년산 프랑스 와인이라는 것뿐이었다.

'오래된 프랑스산 와인…….. 이 정도면 적당하겠지.'

홍 대리는 더 생각할 것도 없이 직원이 권한 와인으로 두 병 달라고 했다. 그리고 직원이 보르도의 5대 명문 샤토에서 만든 보급형 와인으로 품질 기복이 적고 믿을 만하다며 함께 권해 준 라피트 레정드 메독(Lafite Legende Medoc) 2006도 세 병 샀다.

"그런데 저…… 이 와인들에 대해 간략하게 메모 좀 해주실 수 있겠습니까?"

계산을 하며 홍 대리가 직원에게 부탁했다. 아는 척을 해봐야 소용이 없다는 것은 홍 대리도 알고 있었고, 직원도 알고 있는 일이었다. 더 이상 폼을 잡으려야 잡을 수도 없었다. 이왕 이렇게 된 일, 제대로 설명이나 듣고 가자 싶어 홍 대리는 직원이 메모하는 동안 모르는 단어라도 나오면 꼬치꼬치 캐묻기까지 했다.

공개적으로 망신 당한 홍 대리

주중인 데다 퇴근 시간도 아니어서 용인으로 가는 길은 그리 막히지 않았다. 예정 시간보다 일찍 공장에 도착할 것 같아 홍 대리는 용인 근처 휴게소에 들르기로 했다. 여유 있게 커피 한 잔을 마시면서 매장 직원이 메모해 준 내용을 머릿속에다 저장해 둘 생각이었다. 혹시라도 프랑스 사람들이 와인에 대해 물어 오면 거침없이 대답해 줘야 하지 않겠는가.

그랑 크뤼는 1855년 만들어진 보르도 지역, 좀 더 정확히는 오메독 지역 와인의 등급 분류 체계를 의미한다. 총 61개의 와인이 1등급부터 5등급까지로 세분되어 있다.

당시 프랑스의 통치자였던 나폴레옹 3세가 파리만국박람회를 통해 프랑스 와인의 상업적 영향력을 한 단계 끌어올릴 목적으로 추진하였고, 메독 상공회의소가 포도원의 명성과 유통가격 자료를 근거로 하여 선별했다.

1973년 샤토 무통 로칠드(Chateau Mouton Rothschild)가 2등급에서 1등급으로 승격된 것을 제외하고는 일절 개정되지 않았을 정도로 융통성이 떨어지는 규정이지만 아직 보르도의 특급 와인을 상징하는 용어로서 절대적 권위를 지니고 있다.

1992년산 샤토 브란 캉트낙은 부드러운 탄닌을 특징으로 하고 있으며, 붉은 과일과 감초, 시가 상자, 연필심, 삼나무 등의 향이 잘 어우러져 있다. 뒷맛은 깔끔하며 집중감이 좋은 와인이다.

'집중감이라?'

홍 대리는 고개를 갸웃거렸다. '집중감이 좋은 와인'이 어떤 느낌인지 감이 잡히지 않았던 것이다.

'뭐, 몰라도 이렇게 말하면 되겠지.'

홍 대리는 그렇게 생각하고 메모를 반복해 읽었다. '1992년산'이니, '그랑 크뤼'니 하는 단어가 거침없이 나올 정도로 외우고 나서야 다시 운전대를 잡았다. 휴게소에서 공장까지 가는 데는 채 20분도 걸리지 않았다. 주차장에 차를 세우고 홍 대리는 씩씩하게 건물 안으로 들어섰다.

공장장실에는 한국인 세 명과 프랑스인 두 명이 앉아 있었다. 홍 대리가 들어서자 공장장이 양쪽을 서로 소개해 주었다.

키가 작고 뺨이 좀 붉은 남자는 자크, 토실하고 안색이 창백해 보이는 여자는 세실이었다. 첫인상은 꽤 까칠한 편이었지만 막상 대화를 나눠 보니 둘 다 유머 감각이 풍부하고 융통성이 있는 사람들이었다. 그들이 마음에 든 홍 대리는 진심으로 만나서 반갑다는 인사를 했다. 프랑스인들 옆에 앉아 있던 통역이 그 말을 프랑스어로 통역해 주었다.

그러고도 한 시간 넘게 기술 이전 계약 문제를 논의하고서야 식당으로 자리를 옮겼다.

식당에는 먼저 간 직원들이 이미 자리를 잡고 앉아 있었다. 홍대리 일행이 들어서자 때를 맞춘 듯 음식이 나오기 시작했다. 송화주가 나오자 프랑스인들은 신기해하며 맛을 봤다.

"향이 기품 있군요."

자크가 말했다.

"깊이 있는 맛이에요. 떫은맛과 달짝지근한 맛이 묘하게 어울리네요. 한국의 전통주인가요?"

세실이 공장장에게 물었다.

"네. 소나무의 꽃을 넣고 빚은 한국의 전통주죠. 송화주라고 하는데 한국에서도 쉽게 맛보기 힘든 술입니다. 여기 식당 주인이 할아버지에게서 빚는 법을 배웠다고 하더군요. 저는 이 술 때문에 이곳을 자주 찾습니다."

공장장이 흐뭇해하며 답했다.

"그렇군요. 빛깔도 아름다워요. 연보랏빛이 살짝 감도네요."

세실은 자크에게도 동의를 구하는 듯한 표정으로 말했다. 그러자 자크도 고개를 끄덕이며 빛과 맛에 대한 자신의 생각을 늘어놓기 시작했다.

그들이 어찌나 진지한지 홍 대리는 마치 술을 평가하는 자리에 와 있는 듯한 기분이 들었다. 그러다 문득 자신이 준비한 와인에 대해서도 이런 식으로 평가하는 건 아닐까 걱정이 되기 시작했다. 술을 그냥 술로만 생각하는 것이 아니라 향과 빛깔까지 분석하는 것을 보니 능히 그러고도 남을 것 같았다.

결국 식사가 다 끝나고 홍 대리가 준비한 와인을 꺼낼 시간이 왔다. 홍 대리는 슬그머니 일어나 식당 주인에게 와인잔을 준비해 달라고 부탁했다. 식당으로 들어서기 전에 공장장은 홍 대리에게 한정식 집이긴 하지만 메뉴판에 와인이 있는 것을 보니 와인잔도 있을 거라고 귀띔을 했었다. 미처 와인잔에까지 신경을 쓰지는 못했던 홍 대리는 공장장의 세심함에 놀랐지만 내색하지 않고 그저 "그거 다행이군요"라고 대꾸했다. 그는 정말이지 다른 사람에게 밑을 드러내 보이길 죽도록 싫어하는 성향이 있었는데 그 덕분에 '몰라도 아는 척'을 하는 데는 아주 도가 터버렸다.

종업원이 들고 온 것은 앙증맞게 생긴 작은 와인잔이었다. 종업원이 열다섯 명이나 되는 손님들 앞에 일일이 와인잔을 내려놓는 동안 홍 대리는 와인병의 코르크 마개를 따기 시작했다. 익숙하지 않은 일이라 꽤 속을 썩일 줄 알았는데 의외로 코르크 마개가 툭 튀어나와 주었다. 홍 대리는 다른 사람이 눈치챌 수 없을 정도로 가볍게 웃으며 와인병을 공장장에게 건넸다.

"한국에 오셨으니 한국인의 정을 가득 가져가십시오. 그런데 이

것참, 잔이 작아서 더 많은 정을 드릴 수가 없어 아쉽네요."

공장장은 호기롭게 말하며 자크와 세실의 잔에 샤토 브란 캉트낙을 가득 따랐다.

"아, 저, 공장장님……."

다른 건 몰라도 와인을 따를 때는 잔 가득 담지 않는다는 것 정도는 홍 대리도 알고 있는 상식이었다. 그는 당황해하며 공장장을 말리려 했지만 이미 엎질러진 물이었다. 홍 대리는 자신도 모르게 프랑스 사람들의 표정부터 살폈다. 다행히 그들은 별다른 반응을 보이지 않았다. 프랑스와 달리 한국은 와인 문화권에 속한 나라가 아니니 그럴 수도 있다고 이해하는 눈치였다. 공장장은 뒤이어 다른 직원들의 잔도 다른 와인으로 채웠는데, 맥주를 채우듯 가득 채우는 바람에 보급형 와인 세 병은 금방 동이 나고 말았다.

"자, 다들 건배합시다. 성공적인 기술 합작을 위하여!"

공장장이 잔을 들자 그 자리에 앉아 있는 모든 사람들이 잔을 들었다. 정말 인심도 후하게 공장장이 와인잔 가득 와인을 부어넣은 탓에 몇몇 사람의 손등으로 와인이 흘러내리기도 했다. 그러나 아랑곳하지 않고 모두들 기분 좋게 건배를 하는 사이, 자크와 세실의 눈살이 살짝 찌푸려지는 모습이 언뜻 보였다.

'아직 마셔 보지도 않았는데 마음에 안 드나?'

내내 프랑스 사람들의 기색을 살피고 있었던 홍 대리는 어쩐지 불안한 마음이 들었다. 일을 잘해 내고 싶은 욕심에 안달하다 보니 그들의 작은 동작 하나까지 신경이 쓰였다.

건배를 하고 공장 직원들은 약속이라도 한 듯 거의 동시에 와인잔을 입으로 가져갔다. 홍 대리 역시 와인을 한 모금 마시고 흘끗 프랑스 사람들을 보았는데, 그들은 불편한 기색을 보이며 와인잔을 테이블 위에 올려놓고만 있었다. 아무래도 낌새가 이상했다. 자크가 통역에게 무슨 말인가를 하자 당황한 통역은 와인잔을 들어 향을 맡아 보았다.

"무슨 문제라도 있습니까?"

공장장이 물었다. 그 역시 자크와 세실의 표정에서 심상치 않은 기운을 감지했던 것이다.

"이 와인은 '코르크트(corked)' 되었습니다."

통역은 잠시 망설이더니 헛기침을 뱉어 내곤 말했다.

"코르크트……. 그게 무슨 말입니까?"

공장장이 다시 물었다.

"간단히 말해 이 와인은 상했습니다."

"그럴 리가 없습니다. 오늘 구입한 겁니다."

조마조마한 마음으로 공장장과 통역의 대화를 듣고 있던 홍 대리는 저도 모르게 소리를 지르고 말았다.

"향을 맡아 보세요."

통역이 담담하게 말했다.

"향으로 어떻게……."

그렇게 중얼거리며 홍 대리는 와인잔을 코끝 가까이 대보았다. 와인에 문외한인 그가 보기에도 과일주다운 향기로움이 전혀 느껴지지 않았다. 오히려 비 맞은 신문지처럼 눅눅하고 습한 버섯처럼 밋밋하기만 한 냄새 같은 게 전해졌다. 홍 대리는 뒤통수를 망치로 얻어맞은 것처럼 멍해졌다.

"이런…… 우리 직원이 실수를 했나 봅니다. 대접을 잘하고 싶은 욕심에 신경을 더 쓰다 보니 이런 일이 생겼네요. 정말 죄송합니다."

공장장이 옆에서 말하는 소리가 들렸다. 그제야 퍼뜩 정신이 든

홍 대리도 사과의 말을 전했다.

"괜찮습니다. 모르면 그럴 수도 있지요."

통역의 말과 달리 자크의 표정은 딱딱하게 굳어 있었다. 옆에 있는 세실도 마찬가지였다.

'잘 대접받고 간다는 생각이 들 정도로 정성을 다해 주게.'

이 과장의 목소리가 귓가에서 빙빙 맴돌았다.

'정성을 다해 주게.'

어떻게 와인이 상하죠?

홍 대리는 입사 이후 오늘처럼 출근하기 싫은 적이 없었다. 윗선에게 야단맞을 일보다 회사 직원들, 특히 김 대리와 마주칠 일이 더 걱정이었다. 할 수만 있다면 병가라도 내고 싶은 심정이었다. 이불 속에서 미적거리다 겨우 샤워를 하고는 현관문을 나섰지만 주차장까지 내려가는 걸음은 무겁기만 했다.

꾀병이 아니라 진짜 아픈 것 같기도 했다. 그렇지 않고서야 이처럼 몸이 무거울 리가 없었다. 홍 대리는 백미러로 자신의 안색까지 살펴보았다. 확실히 초췌해 보이긴 했다. 다만 아파 보이는 안색과는 거리가 멀었다. 홍 대리는 깊은 한숨을 내쉬며 시동을 걸었다.

회사 건물을 300미터 앞둔 곳에 문제의 백화점이 있다. 개점 시간 전이라 굳게 닫혀 있는 백화점을 보며 홍 대리는 큰 소리로 중얼거렸다.

"가만히 있을 줄 알아? 두고봐. 오늘이 당신들 제삿날이다."

운전대까지 탁탁 치며 분풀이를 했지만 되레 제 손만 아팠다. 그것도 백화점 직원 탓인 것 같아 이번엔 욕설까지 내뱉었다. 그런데도 분이 풀리지 않았다. 회사 건물은 점점 가까워지고 있었다. 곧 회사 사람들을 볼 생각을 하자 그 자리에서 핸들을 꺾고 싶다는 생각까지 들었다.

"아, 정말 미치겠다. 모양새 빠지게, 진짜."

다른 건 몰라도 다른 사람에게 밑을 보이는 건 참을 수가 없었다. 그것도 술 때문이라니 자존심까지 상했다. 지하 주차장에 주차를 한 뒤에도 홍 대리는 운전석에 그대로 앉아 신경질적으로 머리를 긁적였다. 그때였다. 도나가 차창을 두드렸다.

"선배, 안 내리고 뭐 해요?"

"아, 지금 내리려고 했어."

"난 또 어디 아픈 줄 알았네. 어제 용인 공장 간 일은 잘됐어요?"

"뭐, 그럭저럭."

"전 어제 고등학교 동창들을 오랜만에 만났거든요. 선배 생각이 나서 와인에 대해 물어봤더니 다들 '한와인' 하더라고요. 다들 그렇게 와인을 좋아하는지 미처 몰랐지 뭐예요? 결국엔 우르르 와인

바까지 몰려갔어요. 선배, 제 말 듣고 있어요?"

"어, 응."

"이참에 나도 와인을 배워 볼까?"

"응."

"나참. 대답이 뭐 그래요? 어, 엘리베이터 왔다. 얼른 타요."

도나는 홍 대리의 손을 잡고는 거의 이끌듯이 엘리베이터 안으로 데려갔다. 구매팀 일 년 후배인 도나는 홍 대리가 가장 편안하게 생각하는 직장 동료였지만 오늘만큼은 그녀와의 대화가 불편하기만 했다. 그녀는 엘리베이터 안에서도 계속 와인 이야기만 풀어놓았다.

사무실로 들어서자 기다렸다는 듯 이 과장이 홍 대리를 호출했다. 사무실 안의 다른 직원들은 벌써 어제 일을 다 알고 있는 눈치였다. 홍 대리는 이마를 쓱쓱 문지르며 이 과장이 있는 곳으로 갔다.

"다른 곳도 아닌 식품회사에서 하지 말아야 할 실수를 했군."

이 과장의 목소리는 날이 서 있었다.

"죄송합니다. 백화점에서 상한 와인을 팔아……."

"그렇겠지. 그런데 와인이 상한 걸 알아차린 것도 프랑스인들이었다던데. 그것도 백화점 탓인가?"

"……."

"만약 계약에 문제가 발생한다면 자네 책임을 묻지 않을 수가 없네. 나가 보게."

홍 대리가 아무 말도 못하고 뒤돌아서자 이 과장의 목소리가 다시 들렸다.

"아, 그리고."

"네?"

"모르는 건 모른다고 해. 아는 척하는 게 능사는 아니야."

홍 대리의 얼굴은 열꽃이 피어나듯 순식간에 달아올랐다. 치부가 그대로 드러난 느낌이었다. 그는 얼른 고개를 숙여 인사하고는 자기 자리로 돌아왔다.

"괜찮아요?"

도나가 걱정스러운 듯 물었다.

"안 괜찮아."

홍 대리는 퉁명스레 대꾸한 뒤 일어났다. 백화점이 문을 열려면 아직 30분쯤 남았지만 최대한 빨리 사무실에서 벗어나고 싶었던 것이다.

"고객님 말씀은 잘 알겠지만 코르크 마개를 딴 와인은 규정상 남은 와인을 가져오시지 않으면 환불해 드릴 수 없습니다."

백화점 문이 열리자마자 단숨에 지하 매장으로 뛰어 내려갔다.

와인 코너에 도착한 홍 대리는 큰 소리라도 내지를 것처럼 입을 벌렸지만 막상 직원과 눈을 마주치고 나니 생각처럼 공격적인 말이 나오지 않았다. 어제 일을 차근차근 설명한 후 기껏 뱉어 낸 말은 환불 요구였다.

"와인병을 따지 않았으면 상했는지 어떻게 알았겠습니까?"

"고객님께서 구입하신 와인은 고급 와인만을 따로 보관하는 셀러(cellar)에 눕혀 보관하고 있습니다. 그러니 저희가 보관하는 과정에서 상할 일은 없습니다. 만약 상했다 하더라도 물건을 들고 오셔서 확인을 해주셔야 합니다."

"세상에 절대라는 게 어디 있습니까? 상한 걸 상했다고 하는데 절대로 상할 일이 없다니요? 그게 말이 됩니까?"

"저희 규정상……."

"규정이 문제가 아니라 와인이 상했다니까요!"

어찌나 답답한지 홍 대리는 발까지 동동 굴렀다.

"이봐요. 그 때문에 우리 회사가 중요한 자리에서 얼마나 체면을 구겼는지 아십니까? 손해배상 청구를 해도 모자랄 판입니다."

홍 대리는 말은 그렇게 했지만 어젯밤 와인을 챙겨오지 않은 자신의 실수에 더 화가 나 있었다. 증거물도 없이 무작정 들이닥치기만 해서는 상대를 설득할 수 없다는 기본도 잊고 있었던 것이다. 그렇다 해도 그대로 물러설 수도 없는 노릇이라 그는 조금 전보다 더 목소리를 높여 말했다.

"제가 없는 일을 지어서 말합니까? 제가 미치광이예요, 그런 짓을 하게? 코르크트 된 와인이라고 합디다. 환불해 주세요."

홍 대리의 기세로 보아 그냥 넘어갈 것 같지 않다고 판단했는지 직원은 옅은 한숨을 내쉬었다.

"고객님, 잠깐만 기다려 주세요. 확인해 보겠습니다."

직원은 어디론가 전화를 걸어 와인이 상해 고객에게서 항의가 들어왔는데 어찌 된 일이냐고 물었다. 눈치를 보니 어제 구입했던 고급 와인의 수입상인 듯했다. 홍 대리는 자기가 더 정확하게 설명할 테니 전화를 바꿔 달라고 했다. 직원이 약간 망설이다 수화기를 건네주자 홍 대리는 다짜고짜 큰 소리부터 내기 시작했다. "어떻게 상한 와인을 팔 수 있습니까? 그걸 먹고 사람이 탈이 나면 어쩌려고 그럽니까?" 하고 언성을 높여 봤지만 수화기 저편에 있는 직원은 그럴 리가 없다는 말만 앵무새처럼 되풀이했다. 그 때문에 부아가 더 치민 홍 대리가 무어라고 말하려는 찰나 수화기 저편의 목소리가 바뀌었다. 이번에 들리는 목소리는 굵은 저음의 남자 목소리였는데 그냥 "여보세요"라고 단 한마디만 했을 뿐인데도 어쩐지 사람을 압도하는 것 같은 기운이 느껴졌다.

"저는 여기 사장 방도욱입니다. 상황을 판단하기 위해 그러는 것이니 다시 한 번 말씀해 주시겠습니까?"

"아니, 이 사람들이……."

이제껏 한 말을 또 뱉어 내려니 부아가 치밀었지만 홍 대리는 최대한 화를 삼키며 어제 일을 자세히 설명했다.

"네, 잘 알겠습니다. 저희 쪽에서 일부러 상한 와인을 판 것이 아니라 코르크로 병입된 와인들에서 확률적으로 나타날 수 있는 코르크로 인한 와인의 오염 같습니다.

"아니, 그게 말이 됩니까? 코르크 마개가 열려 있었던 것도 아니고 새 와인을 땄는데 어떻게 상해 있습니까? 처음부터 상한 와인을 판매한 거 아닙니까?"

"와인은 다른 술과 달리 제조 및 보관 과정에서 변질될 확률이 높습니다. 게다가 고객님께서 구입한 와인은 시음 최적기를 지나 빨리 마셔야 하는 와인인데 오랜 시간 매장에 있었던 것 같군요."

홍 대리는 방 선생의 설명에도 납득이 되지 않았다. 오래된 와인일수록 가격이 높아진다는 이야기를 어디선가 들은 기억이 났다. 그리고 제목도 기억나지 않는 어떤 영화에서 오래된 와인을 선물하니 상대가 좋아했던 장면도 떠올랐다.

"거짓말도 정도껏 하세요. 다른 것도 아니고 사람이 먹는 걸 파는 사람이 이래도 됩니까?"

결국 홍 대리는 오늘 아침 출근하자마자 이 과장에게 들었던 말과 비슷한 말을 쏟아부었다. '먹는 것 가지고' 같은 식의 말을 운운하는 게 식품을 파는 사람에게는 얼마나 큰 상처가 될지 잘 알고 있었던 것이다. 제대로 한 방 먹였다는 생각에 내심 회심의 미소까지 지었다. 홍 대리의 생각이 적중했는지 수화기 저편에서는 한

동안 말이 없었다. 거친 숨소리가 들리는가 싶더니 좀 전보다 더 나지막하고 굵은 목소리가 느릿하게 말했다.

와인의 불량 유형

1. 열화(Heat damage)

흔히 끓어 넘쳤다고 얘기하는 것으로, 높은 온도에 몇 시간 이상 노출되었을 때 발생하는 현상이다. 일반 드라이 컨테이너로 수입되는 와인이 적도를 통과하면서 발생하는 경우가 많고, 여름에 더운 곳에서 보관된 와인에서도 볼 수 있다.

열화된 와인은 보통 육안으로 확인할 수 있다. 약하게 열화된 경우에는 보통 코르크의 옆면에 살짝 와인이 묻어 올라오는 정도로 그치고, 그 정도가 심할수록 와인이 높게 묻어 올라온다. 열화되면 코르크가 정상적인 포지션에서 약간 위로 밀고 올라오는 경우도 있는데, 경험상 코르크가 살짝 위로 올라온 와인은 열어서 시음해 보면 특별한 문제가 없는 경우가 많다.

열화가 심하면 코르크 상단을 넘어서 병 입구 주위에 와인이 묻어나는 확연한 유출 현상이 나타날 수 있다. 이때 시음을 해보면 통상 불량의 징후가 발견된다. 와인은 병입 직전에 소량의 이산화황을 산화방지제로 주입하는데, 와인이 확연히 유출되면 이산화황도 부분적으로 함께 유출되므로 와인의 보존력이 감소하면서 산화되기도 쉽다. 이미 열을 받아 신선한 과일의 풍미가 손상되고, 보존력이 감소했으므로 열화된 와인은 더 이상 보관할 생각을 하지 말고 즉시 소비해야 한다.

2. 산화(Oxidation)

산소가 필요 이상으로 와인에 영향을 미쳐 와인이 정상적인 발전 사이클에서 벗어나 조로한 것을 말한다. 오래도록 세워져 보관되면서 코르크가 바짝 수축되어 와인병과 이격이 커진 와인에서 가장 쉽게 일어나며, 매우 오래된 올드 빈티지 와인에서 코르크가 탄성을 잃어버려 생기기도 한다.

산화된 와인은 신선한 과일 풍미가 사라지고 오래된 느낌이 든다. 그 정도가 심할수록 신맛이 강하게 나타난다. 산화는 와인의 색에 시각적으로도 영향을 준다. 산화된 레드 와인은 같은 빈티지의 정상적인 와인보다 색이 흐려지고, 화이트 와인은 반대로 색이 짙어져 노란색에 가까워진다.

거의 모든 와인에는 산화를 막기 위해 산화방지제인 이산화황이 주입되므로 일반적인 산소의 침투는 문제가 되지 않는다. 다만 코르크가 말라 버렸거나 와인이 유출되어 이산화황의 양이 줄어든 경우에는 산소에 의해 와인의 풍미가 훼손될 수 있다.

3. 환원(Reduction)

산화를 방지하기 위해 넣는 이산화황이 지나치게 많이 들어갔을 때 생기는 향의 감소 현상이다. 와인이 필요한 만큼 산소와 접촉하지 못하면 정상적인 향을 발현하지 못하게 되고, 대신 이산화황의 향이 감지되는데 그 느낌은 성냥으로 불을 켤 때 나는 냄새 또는 삶은 계란 냄새와 흡사하다. 이러한 향은 불쾌감을 주지만 보통의 경우에는 와인을 잔이나 디켄터에 따라서 공기와 접촉시키면 자연적으로 사라지므로 환원은 그다지 중대한 불량으로 보지 않는다.

4. 코르크트(Corked)

코르크가 직·간접적인 원인이 되어 발생하는 불량이다. 코르크로 병입되는 모든 와인은 확률적으로 7퍼센트 정도 코르크트된다. 따라서 정도의 차이는 있겠지만 이 유형의 불량으로부터 자유로울 수는 없다. 프랑스어로는 부쇼네(bouchonne) 되었다고 하는데, 이것은 코르크를 뜻하는 부숑(bouchon)에서 온 말이다.

병입된 와인이 코르크와 오래 접하면 코르크 자체의 물성이 배어들어 약간 축축한 나무 느낌이 날 수 있다. 이를 '코르키(corky)하다'라고 말하는데, 불량으로 볼 정도는 아니다. 하지만 오염된 코르크를 사용하여 병입한 와인은 와인 본래의 향이 현저히 감소하고 젖은 마분지, 오래 쌓아 둔 신문지, 눅눅한 지하실, 눅눅해진 버섯 같은 불쾌한 향이 나타난다.

코르크 나무를 키울 때 뿌리는 제초제나 코르크를 상품화하는 과정에서 사용하는 표백살균제가 곰팡이와 만나면 이러한 불쾌한 향을 일으키는 원인 물질인 TCA(Trichloro-anisole)를 생성하는 것으로 알려져 있다. 코르크트 된 와인은 와인과 접촉하고 있던 코르크의 밑면에서 가장 뚜렷하게 감지되어서 보통 와인을 오픈하고 코르크의 냄새를 맡을 때 이상 여부를 알 수 있다. 코르크트 된 정도가 매우 경미한 경우에는 전문가조차 감별하지 못하고 넘어가는 경우도 있다.

와인이 대체 뭐길래!

　홍 대리에게는 자신이 생각해도 그다지 좋다고 할 수 없는 버릇이 있다. 뭔가에 한번 꽂히면 주야장천 그 생각만 하느라 다른 일을 잘 돌아보지 못한다는 것이다. 백화점에서 한바탕 난리를 친 후 그는 곧장 사무실로 들어가지 않고 서점에 들러 『초보자도 쉽게 알 수 있는 와인』이라는 책부터 구입했다. 오늘 저녁 방 선생과 만나기 전에 와인에 대한 기본 상식은 익히고 갈 요량이었다. 얇은 책 하나 읽고 간다고 와인 수입상인 그의 지식을 따라갈 수는 없겠지만 적어도 와인의 와 자도 모르는 사람처럼 보이고 싶지는 않았다.

　'그래, 얼굴 보자. 내가 물러설 줄 알고?'

　홍 대리는 사무실로 돌아와서도 전의를 다지고 다른 사람들이 보지 못하게 와인 책을 서류 밑에 두고는 흘끔흘끔 읽기 시작했다.

책은 레드 와인과 화이트 와인의 차이에 대한 설명으로 시작했다. 두 와인의 차이는 빛깔에만 있지 않았다. 음용 온도나 곁들여 먹는 음식도 달랐다. 대충은 알겠지만 구체적으로 대화를 하려면 아무래도 몇 가지 정도는 외워 둘 필요가 있을 것 같았다. 결국 홍 대리는 귀찮아 죽겠다고 속으로 투덜거리면서도 레드 와인과 화이트 와인의 특성을 메모지에다 옮겨 적기 시작했다.

레드 와인과 화이트 와인으로 나뉘는 것은 양조 방법에 따른 차이 때문이다. 레드 와인은 적포도로 양조하는데 껍질에서 붉은색을 추출하며, 화이트 와인은 청포도로 양조한다.

레드 와인
포도 무게의 약 65퍼센트를 주스로 얻는다. 적포도 품종으로 양조한다. 연보랏빛에서부터 암홍색, 잉크처럼 검은색까지 빛깔이 다양하다. 고기 요리처럼 풍미가 깊고 무거감 있는 음식과 어울린다. 16~19℃에서 음용하는 것이 좋다.

화이트 와인
포도 무게의 약 70퍼센트를 주스로 얻는다. 주로 청포도 품종으로 양조하지만 껍질을 사용하지 않을 경우 적포도 품종으로도 양조할 수 있다. 연초록, 볏짚색, 연노랑, 노랑, 진노랑, 황금색, 호박색에 이르기까지 빛깔이 다양하다. 껍질의 기능이 거의 없거나 제한적이다. 탄닌, 색소 등 추출물이 거의 없어 가볍고 산뜻하다. 청량감이 뛰어나고 화사한 느낌도 든다. 식욕을 돋우기 위한 식전주로 이용하기도 하고 생선이나 해산물 요리와 함께 마시기도 한다. 화이트 와인은 레드 와인보다 조금 낮은 온도인 8~12℃에서 음용하는 것이 좋다.

"뭐 해요?"

옆자리에서 몇 번이나 흘낏거리던 도나가 결국 궁금증을 참지 못하고 물었다.

"아무것도 아니야."

홍 대리는 눈길도 주지 않고 대답했다.

"아무것도 아닌 게 아닌데요. 뭘 그렇게 열심히 써요?"

"아, 그냥, 뭐 좀 생각할 게 있어서……."

홍 대리는 대충 얼버무리며 메모지를 슬쩍 옆으로 밀어젖혔다. 그와 동시에 도나가 날렵하게 서류 밑에 있는 책을 꺼내 들었다.

"와인 책이네."

"어휴, 조용히 말해."

홍 대리가 주위를 살피며 속삭였다. 그러자 도나는 수업 시간에 몰래 떠들다 들킨 학생처럼 종이에다 글을 쓰기 시작했다.

와인 공부해요?

홍 대리는 어이 없어 하며 고개를 끄덕였다.

왜요? 어쨌든 어제 그 일은 끝났잖아.

도나가 다시 글을 써서 홍 대리에게 보여 주자 그도 글로 답했다.

그럴 만한 이유가 있어. 책은 제자리에 갖다 놓지그래.

"알았어요."

도나는 씩 웃으며 서류 밑에다 책을 밀어넣어 주었다.

"내가 못 산다 도나 씨 때문에."

홍 대리는 밉지 않게 투덜거리며 다시 책으로 눈길을 돌렸다. 원래 읽고 있던 부분을 찾아 넘기려는데 도나가 대충 펼쳐 놓았던 페이지에 와인잔에 대한 설명이 있었다. 어젯밤에 와인잔도 문제가 되었던 것이 생각나 홍 대리는 그 페이지를 그냥 읽기로 했다.

잔을 지지하는 밑받침 부분은 베이스(Base), 실제로 액체가 담기는 부분은 볼(Bowl), 베이스와 볼을 연결하는 줄기는 스템(Stem)이다. 레드 와인은 화이트 와인에 비해 풍미의 양과 강도가 강하기 때문에 볼이 넓은 잔에 따라 마신다.

와인을 따를 때는 볼의 직경이 가장 넓은 지점까지만 채운다. 나머지는 향기를 채우는 공간으로 보면 된다. 이렇게 해야 와인을 잔에 따르고 잔을 돌릴(Swirling) 수 있다. 잔의 아랫부분을 잡고 돌리는 것은 단순히 멋있어 보이기 위해서가 아니다. 와인과 산소의 접촉을 짧은 순간에 극대화해 와인의 향이 잘 발현되도록 분자 활동을 활발하게 해주기 위해서다. 향도 결국 화학물질이기 때문에 분자구조가 가벼운 향이 먼저 피어나고, 복잡하고 무거운 향은 서서히 피어난다. 와인을 잔에서 돌려주면 공기와 만난 알코올이 기화하면서 향 물질들이 이때 같이 올라오게 된다.

'그래, 가득 붓는 게 아니었다니까.'

상한 와인이 가장 큰 문제이긴 했겠지만 자크와 세실은 어쩌면 그 이전에 와인을 대접하는 사람들에게 와인에 대한 기초 상식이 전혀 없다는 것을 눈치챘을 것이다.

'뭐, 우린 와인 문화권이 아니니까 그럴 수도 있지.'

홍 대리는 그렇게 변명하면서도 어쨌든 손님을 대접하기로 했으면 기초 상식 정도는 알고 있었어야 했다는 생각을 지울 수가 없었다. 그러다 오늘 저녁에 방 선생을 만날 일에 생각이 미치자 갑자기 갑갑해졌다. 기본 지식조차 없어 실수를 한 주제에 와인 수입상이랑 맞장을 뜨겠다는 발상 자체가 말이 되지 않았다.

'아니지, 와인을 잘 아느냐 모르느냐가 문제가 아니잖아. 그쪽은 상한 와인을 판매했고, 나는 그것을 항의하는 건데.'

그렇게 마음을 다잡았지만 아무래도 괜히 약속을 했다는 생각이 들었다. 할 수만 있다면 약속을 취소하고 싶었다. 방 선생을 만난다고 엎질러진 물을 다시 주워 담을 수 있는 것도 아니었다. 게다가 어느 정도 화가 가라앉은 후라 딱히 하고 싶은 말도 없었다. 그는 복도로 나가 와인 수입사 사장에게 전화를 걸었다.

"네, 방도욱입니다."

수화기 저편에서 예의 나지막하면서도 굵은 음성이 들렸다. 홍 대리는 헛기침을 한 번 뱉어 낸 뒤 자신이 누구인지 밝혔다.

"아, 오늘 저희 사무실로 오시기로 한 분이죠? 그렇잖아도 문자로 위치를 설명하려고 했습니다."

"아, 네……."

방 선생은 홍 대리가 약속을 취소하기 위해 전화를 했다고는 전혀 생각하지 못하는 눈치였다. 그런 사람에게 오늘 일은 없던 일로 하자고 말하려니 입이 떨어지지 않았다.

"바로 합정역 근처라 찾아오시기가 어렵지 않을 겁니다. 몇 시쯤 오신다고 하셨죠?"

"퇴근하고 가야 하니까…… 8시쯤 도착할 것 같습니다."

"네, 기다리겠습니다. 그럼 나중에 뵙죠."

"그런데, 저……."

"네?"

"아, 아닙니다. 나중에 뵙죠."

역시 어제오늘 되는 일이 없다는 생각을 하며 홍 대리는 전화를 끊었다.

"에이, 정말! 앞으로 넘어지고, 뒤로 넘어지고. 정신이 없다, 없어."

wine
mentage
vintner
chardonnay
sommelier
VARIETAL
tafelwein
ZINFANDEL
rose
sonoma
cabernet
spumante
grapes
MERLOT vin
PINOT GRIS
port garagiste
aperitif flagon
body monocepage
vintage MAGNUM NOSE
bordeaux RIESLING LEGS
bodega velvety winery
backbone vermouth bottle
velvety sangiovese barbera
RESERVE cantina spatlese
WINERY complex garrigue
vigneron CORKSCREW OAKY
frizzante cuvée PETIT CHATEAU
shiraz sherry vino syrah cork
cabernet sauvignon
oenologist RED WHITE
semillom muscat AROMA
earthy sweet rosso
fruity lombardy chianti
trebbiano ROSSO tannin
bouquet dry CHABLIS
beaujolais champagne
SOAVE blush sparkling
DOMESTIC montepulciano
cultivar soutirage
vinafera LIEBFRAUMILCH
phenolics VITIS VINIFERA
gewürztraminer
crisp amarone
madeira meursault
CELLAR fine CORKED
ASCESCENCE
Bordeaux astringent
brandy
catarratto tart ROBUST
terroir piedmonte
SAKE OMAR KHAYYAM ortega
chenin blanc PLONK
méthode champenoise

제2장

와인의 세계에
빠져드는 홍 대리

홍 대리, 방 선생을 만나다

홍 대리는 방 선생의 모습을 작정하고 상상하지는 않았다. 다만 목소리를 듣는 순간 두꺼운 얼굴선과 부리부리한 눈매, 살집이 꽤 있을 것 같은 몸이 자연스럽게 떠올랐다. 아마도 나지막하고 굵은 음성과 강한 어조 때문이었을 것이다. 그러나 눈앞에 있는 남자는 홍 대리가 떠올린 이미지와는 전혀 달랐다. 턱 선은 날렵했고, 눈매는 부드러우면서도 지적이었다. 영리해 보이는 눈동자는 나이보다 더 젊어 보이게 하는 효과가 있었고, 날씬한 몸을 휘감은 양복은 꽤나 잘 어울렸다. 한마디로 그는 세련되어 보이는 중년 남자였다.

"여기까지 오시느라 고생 많으셨습니다."

8시쯤 가겠다고 약속했지만 그의 사무실에 도착한 시간은 그보다 30분이나 지나 있었다. 그런데도 그는 별다른 핀잔 없이 홍 대리를 반갑게 맞이했다.

"아, 제가 조금 늦었죠?"

"괜찮습니다. 초행길이잖습니까. 일단 저기 앉으시죠."

방 선생이 가리킨 소파로 가 앉으며 홍 대리는 속으로, '이게 아닌데'라는 생각을 하다, '뭐가 이게 아닌데야? 싸움닭도 아니고 막상 얼굴 보면 이렇지'라고 자기 합리화를 하며 어색한 미소를 지었다.

"와인 일은 죄송하게 됐습니다. 어디에서 실수가 나왔든 일단 저희가 판매한 와인이니 최대한 책임을 지겠습니다."

"아, 예."

"그런데…… 와인을 아끼는 사람으로서 그런 와인을 팔았다는 오해를 받는 건 힘든 일입니다, 선생님……."

"아, 여기 명함."

"식품회사에서 근무하시는 분이군요. 아, 그래서 그런 말을……."

"그땐 저도 화가 나서……. 죄송합니다."

"아, 아닙니다. 홍 대리님 입장에선 그런 말이 나올 법도 하겠다, 뒤늦게 그런 생각이 들었죠. 그런데 대리님께서 와인을 대접하신 분들은 와인에 대해 꽤 잘 알고 있는 사람들이었던 것 같군요. 코르크로 마감된 모든 와인의 7~8퍼센트 정도는 코르크트 불량이 발생하거든요. 그래서 합성 코르크나 스크류캡 또는 유리 코르크를 사용하기도 하죠. 그런데 웬만한 사람들은 살짝 코르크트 된 경우에는 그걸 잘 모르고 넘어가는 경우가 많아요. 감각 훈련이 되어 있지 않아서죠."

"프랑스인들이었습니다."

"하하하, 프랑스인이라고 다 잘 아는 건 아닙니다. 그분들이 식품 쪽 일을 하시고 와인을 즐기시는 분들이라 그렇겠죠."

"아, 예."

"홍 대리님께 보여 주고 싶은 와인이 있어 준비를 해두었습니다. 이 와인을 좀 보시죠."

방 선생은 자신이 준비한 와인을 홍 대리에게 건네주었다. 홍 대리는 와인을 받기는 했지만 뭘 어떻게 봐야 하는지 몰라 대충 훑어보고는 다시 그에게 건네주었다.

"이 와인은 샤토 노통(Chateau Notton) 2005입니다. 2005년에 수확된 포도로 만든 것이죠. 홍 대리님이 구입했던 샤토 브란 캉트낙보다 아래 급입니다만, 둘 다 와인 메이커인 앙리 뤼통(Henri Lurton)이 만들었습니다.

뤼통 가는 보르도를 대표하는 명가 중 하나입니다. 그리고 앙리 뤼통은 몹시 성실하고 실력이 뛰어난 사람입니다. 그는 샤토 브란 캉트낙의 옛 명성을 되찾아 주었고 특급 와인의 명성에 걸맞은 품질을 지닌 와인으로 키워 냈죠.

샤토 노통 2005는 가격이 샤토 브란 캉트낙의 절반에도 못 미칩니다만, 2005년 빈티지는 100년에 서너 번 나올 정도로 탁월한 빈티지로 평가받고 있습니다. 마셔 보세요."

방 선생이 와인을 따르자 홍 대리는 와인잔의 볼 부분을 두 손으로 잡았다. 자신보다 훨씬 연배가 높아 보이는 사람에 대한 예의를 지키기 위해서였다. 그러자 방 선생이 홍 대리의 손등에다 가볍게 손을 얹었다.

"잠깐."

"네?"

"잔을 잡을 때는 다리 부분을 잡는 것이 좋아요. 와인이 채워진 볼 부분을 잡으면 잔에 지문이 묻어서 나중에 색을 관찰하기에 좋지 않습니다. 또 잔을 부딪쳤을 때 듣기 좋은 공명 소리가 나지 않게 됩니다."

"아."

"와인은 맛도 맛이지만 빛깔과 향으로 마시는 음료입니다. 처음엔 빛깔을 보고, 그다음엔 향을 맡고, 마지막으로 맛을 보죠. 먼저 잔을 45도쯤 기울여 빛깔을 한번 음미해 보세요. 이렇게요."

홍 대리는 방 선생이 하는 대로 잔을 45도 기울여 넓게 퍼지는 와인의 빛깔을 살폈다. 가장자리에 약하게 루비 빛이 감돌았지만 중심으로 갈수록 깊고 짙은 빛깔이 났다. 이번에는 방 선생이 잔을 두어 번 돌리더니 코밑에 살짝 갖다 댔다. 홍 대리도 그의 행동을 따라 했다. 신선한 과일 향이 났다.

"이제 한 모금 입안에 넣고 맛을 음미해 보세요."

홍 대리는 방 선생이 시키는 대로 한 모금 마셔 보았다. 처음에는 좀 텁텁한 것 같았지만 곧 상쾌한 느낌이 감돌았다. 단맛은 없었다. 언젠가 에스프레소를 처음 마셨을 때 떫은맛 가운데에서 고소하면서도 달콤한 여운을 맛보았던 것과 비슷한 느낌이었다.

방 선생은 진지하게 와인을 음미하는 홍 대리를 보며 싱긋 웃었다.

"어떻습니까?"

"아, 복합적이고 깊은 맛이네요."

"그럼 홍 대리님이 구입했던 샤토 브란 캉트낙 1992도 한번 맛보시겠습니까? 이번엔 상하지 않은 걸로요."

방 선생이 샤토 브란 캉트낙을 따랐다. 홍 대리는 방 선생에게 배운 대로 빛깔을 음미하고, 향을 느끼고, 맛을 보았다. 샤토 브란 캉트낙 1992는 가장자리에 갈색 기운이 감도는 적벽돌 빛을 띠었다. 신선하고 생동감 있는 과일 향은 나지 않았다. 대추차나 보리차를 마시는 느낌이 들었고 신맛의 여운이 진했다. 좋게 표현하면 온화하지만 뭔가 공허해서 고급 와인으로 보기에는 아쉬운 구석이 있었다. 좀 전에 마신 샤토 노통 2005의 맛이 젊고 힘차고 입체적이었다면 샤토 브란 캉트낙은 좀 밋밋했다.

방 선생이 감상을 물었다. 홍 대리는 자신이 느낀 느낌을 그대로 말해 주었다. 그러자 그는 고개를 끄덕이며 홍 대리의 말을 진지하게 들어 주었다.

"샤토 브란 캉트낙 1992는 매우 습한 기후 때문에 포도의 완숙이 어려웠던 시기에 제조되었죠. 앙리 뤼통이 1992년도라는 빈티지의 한계를 넘고자 많은 노력을 기울였는데도 아쉬움이 많았던 와인입니다. 완숙한 과일의 풍미를 기대할 수 없으니 과일과 균형을 이루어야 할 오크 또한 강하지 않게 사용했죠."

"오크가 뭡니까?"

홍 대리가 물었다.

"아, 오크는 포도를 숙성시키는 참나무통이랍니다. 나무의 풍미를 전달할 뿐 아니라 숙성이 점진적으로 진행되기 때문에 포도주의 맛을 부드럽고 복합적으로 만들죠."

"아, 그렇군요."

고개를 끄덕이다 말고 홍 대리는 자신이 방 선생의 페이스에 말려들고 있다는 생각에 고개를 갸웃거렸다. 따지러 와서는 강좌 아닌 강좌를 듣고 있는 데다 심지어 대답과 질문을 잘하는 성실한 학생처럼 굴기까지 했다. 하지만 이러한 상황이 과히 싫지도 않았다. 김 대리가 와인에 대해 떠벌릴 때는 '또 잘난 척한다'고 콧방귀를 뀌었던 것을 생각해 보면 이상한 일이었다. 그러다 문득 홍 대리는 방 선생이 김 대리와는 뭔가 다르다는 것을 깨달았다. 그것은 와인을 대하는 태도였다. 와인 이야기를 하는 내내 그의 표정에는 생기가 넘쳐났다. 마치 자식 자랑에 시간 가는 줄 모르는 아버지 같은 얼굴이었다.

"제 얼굴에 뭐가 묻었습니까?"

"아, 아닙니다."

"아까 하다 만 이야기를 계속하자면, 샤토 브란 캉트낙 1992는 20년 전에 제조된 것이니만큼 지금은 음용 적기가 지난 것으로 봐야 합니다. 그런데다가 코르크트 되었기 때문에 과일의 풍미가 더 발현되지 못했을 겁니다. 당연히 입체감과 존재감이 결여된 매우 밋밋한 와인으로 느껴졌을 수밖에 없었겠죠."

"아, 그렇군요. 그래서 그 와인이……. 그런데 코르크트 현상은 왜 생기는 겁니까? 사실, 사람들이 코르크트 되었다고 하니 그렇다는 건 알겠는데 정확하게 무슨 뜻인지 감이 안 와서요."

"코르크 오염으로 와인 본연의 과일 향이 나지 않고 젖은 마분지나 젖은 양말 같은 냄새가 나고 맛이 변질되는 것을 코르크트 되었다고 합니다. 그 요인으로는 여러 가지가 있을 수 있습니다. 애당초 코르크 마개 자체의 문제일 수도 있고, 마개 제조 공정에서 문제가 생길 수도 있죠. 하지만 와인 두 병이 다 코르크트 될 확률은 낮은데……. 어제 전화 통화로 말씀하셨을 때는 두 병 다 코르크트 되었다고 하셨던 것 같은데, 확인해 보셨습니까?"

"아! 그게……."

홍 대리는 민망해서 얼굴을 붉히고 말았다. 프랑스 기술진들만 마시게 하느라 다른 한 병은 아예 뜯지도 않았다. 그 자리에 있었던 공장 직원들의 잔을 채우기 위해 평범한 와인 세 병의 코르크 마개를 다 열었기 때문에 자신이 구입한 와인 다섯 병의 마개를 다 열었다고 착각해 버린 것이다.

"두 병 중 한 병만 확인했습니다."

홍 대리는 솔직하게 말했다.

"그렇군요. 마트 판매 사원은 와인을 셀러에 제대로 보관했다고 하더군요. 전화로 말씀드렸다시피 와인이 좋은 모습을 보여 주지 못한 것은 코르크트 문제 외에도 음용 적기를 지났기 때문이죠. 그렇다면 음용 적기가 지난 와인을 왜 수입했는지 의문을 가질 수도 있을 겁니다. 그 와인은 제가 꽤 오래전에 들여온 겁니다."

홍 대리는 그의 말을 진지하게 들으며 샤토 노통 2005를 한 모금 마셨다. 역시 향이나 맛이 입체적이고 오묘했다. 처음 맛볼 때와는 또 다른 느낌이었다. 그 모습을 지켜보던 방 선생은 싱긋 웃으며 다음 일정이 있는지 물었다.

"없습니다."

"그럼 근처 와인바에 가서 한잔하시죠. 여기까지 와주셨는데 제가 대접하겠습니다."

방 선생과 와인바에 가는 것이 불편하지는 않았다. 오히려 좀 더 그의 이야기를 듣고 싶기도 했다. 하지만 바로 그 때문에 와인바에 가기가 망설여졌다. 어쩐지 와인에 대해 더 알고 싶다는 생각이 들지 않을까 조금 두려워진 것이다.

'값비싼 취미를 가져 봐야 좋을 것이 없지.'

그런 생각을 하며 홍 대리는 정중하게 사양했다.

와인을 알아 가는 첫 번째 관문

"한 건 했다며?"

구내식당에서 점심을 먹는 중이었다. 식판을 들고 지나가던 김 대리가 홍 대리를 발견하고는 방앗간을 그냥 지나치지 못하는 참새처럼 옆에 앉아 히죽 웃었다.

"내가 능력이 좀 있잖아."

용인 공장에서 일어난 일을 물고 늘어지는 것인 줄 알면서도 홍 대리는 짐짓 모르는 척했다.

"그렇긴 하지, 대리님. 와인 빼곤."

김 대리가 어찌나 능글거리며 말을 하는지 홍 대리는 입맛이 싹 달아나 버렸다.

"왜요? 더 안 먹어요?"

홍 대리가 숟가락을 내려놓자 맞은편에 앉아 있던 도나가 물었다.

"계약이 파투 날 수도 있는데 밥이 넘어가겠어?"

김 대리가 옆에서 다시 깐죽거렸다.

"아유 참, 김 대리님도. 정말 왜 그러세요? 선배, 밥은 다 드세요."

"입맛이 없어. 미안하지만 먼저 간다."

홍 대리는 김 대리를 흘끗 보고는 식판을 들고 일어났다.

김 대리는 홍 대리의 입사 동기였다. 한국 최고의 명문 대학을 나온 데다 입사 성적도 뛰어나 입사 초기에는 꽤나 주목받는 인재였다. 그런데 딱 그때뿐이었다. 그 후로는 업무 능력에서 그다지 두각을 나타내지도 못했고 요령도 부족했다. 게다가 외양에 전혀 신경 쓰지 않는 데다 농담이라고 던진다는 게 분위기를 싸하게 만드는 말뿐이라 다른 직원들의 호감도 얻지 못하는 편이었다.

반면, 홍 대리는 외모를 가꾸는 데 어느 정도 투자를 하는 편인 데다 적당히 요령을 피울 줄도 알고 다른 사람을 기분 좋게 만드는 유머 감각까지 지녔다. 그렇다 보니 김 대리가 마음에 둔 여직원이 홍 대리에게 더 호감을 느끼는 사태가 발생해 버렸다. 그때만 해도 홍 대리는 지우와 사귀고 있었기 때문에 그 여직원에게는 관심을 두지 않았다. 하지만 김 대리로서는 그게 아니었던 모양이다.

김 대리는 틈만 나면 홍 대리를 걸고넘어졌다. 그러다 2년 전부터인가 "와인은 말이지"라는 말을 입버릇처럼 하기 시작했다. 마치 귀걸이나 코걸이처럼 와인이 자신을 꾸미는 액세서리라도 된다는 식이었다. 심지어는 와인을 즐기고 와인을 안다는 것만으로도 자신이 꽤 세련된 사람인 양 굴기까지 했다.

"홍 대리."

두어 발짝쯤 가는데 등 뒤에서 김 대리가 불렀다.

"왜?"

"와인은 말이지, 그 세계가 복잡하고 다양해서 아무나 즐길 수 있는 게 아니야. 시간과 노력, 돈이 필요하지. 그리고 무엇보다 이게 필요하다고."

김 대리는 손가락으로 자신의 머리를 툭툭 치며 싱긋 웃었다. 홍 대리는 피식 웃으며 말했다.

"너 와인을 겉멋으로 마시지?"

"뭐?"

"됐다."

더 이상 말하고 싶지 않아 다시 돌아서는데 김 대리가 뒤에서 또 깐죽거렸다.

"어이, 홍 대리. 아는 척도 정도껏 해라."

그냥 무시하려니 속에서 치솟는 부아를 참아 낼 수가 없었다. 결국 다시 돌아선 홍 대리는 김 대리가 앉아 있는 쪽으로 성큼성금 걸어갔다.

"너 다시는 '와인은 말이지' 같은 말 못 할 거다. 그 복잡하고 다양한 와인의 세계는 이제 내가 접수하고 만다."

홍 대리는 제가 말해 놓고도 유치하다는 생각을 했지만 어쨌든 그냥 가는 것보다 속은 시원했다. 큰소리라도 탕탕 쳤으니 밸이 꼴릴 것도 없었다.

'접수라니……. 미친 거 아니야?'

식당 문을 빠져나가는 순간 홍 대리는 잠시 멈춰 섰다. 김 대리에게 뱉어 낸 말은 책임이 따르는 말임을 뒤늦게 깨달아 버린 것이다.

홍 대리는 방 선생에게 전화를 걸까 말까 망설이느라 휴대전화를 10여 분이나 만지작거렸다. 김 대리에게 큰소리를 쳐놨으니 어쨌든 와인에 대해 알기는 알아야 했다. 꽤 끈질긴 김 대리가 이번 일을 그냥 지나칠 리는 없을 것이다.

'그때 와인바에 가는 건데…….'

아무래도 그날 일이 마음에 걸렸다. 이것도 인연이라며 홍 대리와의 관계를 진전시키려는 방 선생의 노력을 단칼에 잘라내 버린 건 아닌지 걱정도 되었다. 그나마 다행인 것은 다음에 자신이 술

한잔 대접하겠다고 말이나마 하고 헤어졌다는 것이다. 그러니 전화를 해도 그쪽에서 그리 이상하게 여길 것 같지는 않았다. 홍 대리는 헛기침을 뱉어 낸 후 방 선생의 전화번호를 눌렀다. 몇 번 신호음이 들리지도 않았는데 그쪽에서 전화를 받았다.

"아, 홍 대리님."

방 선생은 홍 대리의 전화번호를 저장해 두었는지 대뜸 그를 알아보았다.

"잘 계셨죠?"

바로 어제 만난 사람들끼리 할 만한 인사는 아니었지만 이미 말이 나와 버렸다.

"하하하, 그렇죠. 그런데 무슨 일로?"

"어제 가지 못한 와인바가 자꾸 걸려서 말입니다. 괜찮으시다면 오늘 제가 와인을 대접하고 싶은데 괜찮겠습니까?"

"괜찮긴 한데, 9시나 되어야 만날 수 있을 것 같습니다."

"그럼 그곳 위치를 문자 메시지로 보내 주십시오. 그 시간에 맞춰 가겠습니다."

전화를 끊고 몇 분 지나지 않아 방 선생에게서 문자 메시지가 왔다. '오르'라는 와인바였다. 도로변이라 찾기가 그리 어려울 것 같지는 않았다. 다만 어제 처음 만난 사람에게 부탁이라는 걸 하려니, 어쩔 수 없이 긴장감이 생겼다. 게다가 무슨 말을 어떻게 꺼내야 할지도 알 수가 없었다.

'까짓것, 안 되면 안 되는 거지.'

그는 편하게 생각하기로 했다. 미리 걱정한다고 달라질 일은 아무것도 없고, 딱히 도움이 될 것 같지도 않았다.

"흠…… 그런 일이 있었군요."

방 선생은 홍 대리의 말이 끝나자마자 고개를 끄덕이더니 대수롭지 않게 툭 뱉어 냈다. 홍 대리는 방 선생의 반응에 적잖이 실망하며 "네"라고 우물거렸다. 방 선생으로서는 황당할 수도 있겠다 싶었지만 적어도 이처럼 무관심하리라곤 생각도 못했다.

"그래서 말입니다, 제가 부탁드리고 싶은 것이 있습니다."

홍 대리가 조심스럽게 말을 꺼냈다. 그러자 방 선생은 못 들은 척하며 지금 마시고 있는 와인 맛이 어떤지 물었다.

"아, 이건……."

홍 대리는 말하느라 정신이 팔려 와인 맛은 제대로 보지도 않았다. 기습적이라고 할 수밖에 없는 질문을 받고서야 와인을 한 모금 마셔 보았다.

"뭔가…… 편안하고 …… 여운이 남는데요. 어, 자두를 먹는 느낌도 나고……."

홍 대리는 그렇게 말하면서 또 한 모금 마셔 보았다. 역시 첫 느

낌과 다르지 않았다. 입안에서 감도는 와인의 질감도 몹시 부드러
웠다.

"이 와인은 메를로 품종입니다. 프랑스 보르도에서 가장 번성
한 품종이죠. 메를로 품종은 미국 워싱턴주를 제2의 고향으로 삼
고 있다고 할 만큼 그곳에서도 성공적으로 재배되고 있습니다. 메
를로 자체는 떫은맛이 강하지 않으면서도 풍부한 풍미를 지닌 육
감적인 품종입니다. 오랜 숙성을 거치지 않고도 음용하기에 적합
하다는 장점이 있기도 하죠. 특히 저는 워싱턴주의 메를로를 두고
윤기 있는 머릿결을 지닌 아름다운 여인에 자주 빗대어 표현하곤
합니다. 와인을 처음 대하는 사람들이 먹기 좋죠. 가격도 그리 비
싸지 않고."

"아, 그렇군요. 그래서 뭔가, 약간 기분 좋게 만드는 달콤함 같은
게 있었군요."

"저번에도 느꼈지만 미각이 참 좋군요. 와인을 처음 대하는 사
람치고는 맛을 잘 감지하는 것 같습니다."

방 선생의 칭찬에 홍 대리는 용기를 냈다. 지금이라면 그가 자
신의 부탁을 들어줄지도 모른다는 생각에 홍 대리는 기회를 놓치
지 않고 빠르게 말했다.

"제게 와인을 가르쳐 주십시오."

순간 방 선생의 표정이 딱딱하게 굳었다.

"아, 그러니까……."

그의 반응에 당황한 나머지 홍 대리는 와인 한 모금으로 입술부터 축였다.

"그러니까, 선생님에게 와인을 배우고 싶습니다. 가르쳐만 주신다면 열심히 배우겠습니다."

홍 대리는 자신이 의도했던 것보다 더 열성적으로 부탁했다. 딱딱하게 굳어 있는 그의 표정을 풀려면 그 정도의 열의는 보여야 할 것 같아서였다. 그런데도 방 선생은 내내 침묵만 지켰다.

"선생님."

다시 간곡히 말하자 그는 홍 대리를 흘낏 쳐다보더니 예의 굵직하고 허스키한 음성으로 말했다.

"싫습니다."

미각을 훈련시켜라

"거절하는 건 그렇다고 쳐. 그래도 그렇지 사람 무안하게⋯⋯.
돌려서 말할 수도 있고, 부드럽게 말할 수도 있고, 웃으면서 말할
수도 있는 거잖아. 아니, 참. 웃으면서 말하면 그것도 기분 나쁠 것
같기는 하다. 그래도 그렇지, 와! 어떻게 된 사람이기에 그렇게 단
호하게 거절하냐. 바로 면전에서."

홍 대리가 속사포처럼 말을 뱉어 내는 동안 도나는 자판기 커피
를 홀짝이기만 했다. 벌써 세 번째 듣는 말이었다. 출근하자마자
한바탕 듣고, 점심을 먹으면서 듣고, 이제는 옥상 정원에서 커피
한 잔 마시는 이 짧은 시간에도 그 말을 듣고 있었던 것이다. 도나
도 처음에는 맞장구를 쳐주었지만 세 번이나 듣다 보니 딱히 대꾸
할 말도 없었다. 심지어는 하루 종일 이 말을 들어야 하는 건 아닌

지 지레 걱정이 되기까지 했다.

"듣고 있어?"

"아, 네."

갑자기 자신을 향하는 화살에 당황한 도나는 얼결에 답했다.

"진짜?"

"그렇다니까요."

"그런데 왜 아무 말도 하지 않아?"

"아까 했잖아요."

"아까는 아까고."

"어휴, 선배. 벌써 세 번째 듣고 있거든요."

"뭐? 내가 세 번이나 말했다고?"

홍 대리는 짐짓 놀라는 척했지만 어젯밤 일을 또 입에 올리고 싶어 못 견디겠다는 표정이었다.

"선배, 제가 딱 한마디만 할게요. 저는요, 같은 말 계속 듣는 거 정말 별로 안 좋아해요. 저한테 하소연하지 말고 그분께 가서 항의하는 게 어때요?"

"도나 씨까지 이러기야?"

"그렇잖아요. 궁금하지도 않아요? 왜 싫은지 이유도 말해 주지 않았다면서요."

"하지만……."

"하지만은 무슨, 나한테 하듯이 하면 되겠네. 어쨌든 난 이 커피다 마시고 내려갈 거야. 열심히 일해야지."

"거의 다 마셨네 뭐."

"그래서 지금 일어나는 거잖아요."

도나는 종이컵을 휴지통에 던져 넣더니 벌떡 일어섰다.

"도나 씨가 나한테 이렇게 박하게 굴 줄은 몰랐어."

홍 대리도 마지못해 일어나 도나의 뒤에서 설렁설렁 걷다가 갑자기 멈춰 섰다.

"그런데, 정말 왜 싫다고 한 거지?"

혼잣말처럼 중얼거렸지만 그 말을 들은 도나가 뒤돌아봤다.

"사람이 진실해 보이지 않아서."

홍 대리는 놀란 눈으로 자신을 쳐다보고 있는 방 선생에게 허리를 백팔십도로 굽혀 인사했다. 홍 대리가 다시 찾아올 거라고는 전혀 예상하지 못했는지 방 선생은 책상 앞에 앉아 눈만 끔벅였다.

"궁금해서 왔습니다."

홍 대리는 문 앞에 어정쩡하게 서서는 큰 소리로 말했다. 그제야 상황 파악이 되었는지 방 선생은 묘한 미소를 짓고는 소파 쪽을 가리키며 말했다.

"일단 저기 앉아요. 그렇게 전투 의지를 불사르는 것처럼 서 있지만 말고."

"아…… 네."

홍 대리는 처음의 기세와 달리 기어 들어가는 목소리로 대답하고 소파에 앉았다.

"어제 일을 말하는 겁니까? 그러니까 어제……."

"네. 선생님께서 몹시 단호하게 말씀하시는 바람에 어제는 이유도 물어보지 못했습니다. 그래서……."

방 선생은 홍 대리 맞은편에 가 앉으며 조금 전보다 더 묘한 표정으로 웃었다.

"와인은……"

방 선생이 천천히 입을 열었다.

"와인은 단순히 과실주라고 할 수 없을 정도로 높은 가치를 지니고 있는 포괄적인 식생활 문화입니다. 와인을 제대로 이해하기 위해서는 그 나라의 자연환경과 식생활 문화를 알아야 하는 것은 물론이고 그 나라의 문화와 역사적 특성까지도 이해해야 하죠."

"저도 그런 걸 염두에 두고 말씀드린 거였습니다."

"아니요. 홍 대리님은 모르고 있었습니다. 홍 대리님이 와인을 가르쳐 달라고 한 이유는 다른 사람을 이기기 위해서, 혹은 다른 사람에게 보여 주기 위해서였죠. 그런 가벼운 마음으로는 와인을 알 수 없습니다. 그리고 쉽게 포기하기 마련이죠."

"하지만 꼭 그런 이유만은 아닌데…….'

홍 대리는 말끝을 흐렸다. 사실, 그는 '진실해 보이지 않는다'는 도나의 말에 꽤나 큰 충격을 받았다. 그는 평소 사회생활은 뭐니 뭐니 해도 인맥이라는 생각을 하고 있었고, 그러한 관계를 구축하기 위해서라도 상대에게 신뢰를 주는 이미지를 만들려고 나름대로 노력했다. 그런데 그러한 노력과는 무관하게 어쩌면 도나를 비롯한 많은 사람들이 그를 그저 그렇고 그런 가벼운 인물 정도로 여기고 있을지도 모른다는 생각이 들어 버린 것이다. 그건 결코 그가 원하는 바가 아니었다. 그렇지 않다는 걸 증명하고 싶었다. 한번 한다면 하고야 마는 사람처럼 보이고 싶었다. 그래서 여기까지 온 것이지만 그를 겨우 두 번 본 방 선생까지 '가벼운 마음'을 운운하고 있으니 홍 대리로서는 여간 당혹스러운 일이 아닐 수 없었다.

한동안 어색한 침묵이 흘렀다. 방 선생은 사람이 바로 앞에 앉아 있는데도 뭔가를 메모하기 시작했다. 마치 홍 대리가 투명인간이라도 되는 듯 쳐다보지도 않았다. 홍 대리는 어색하게 앉아 있다 슬그머니 일어났다.

"어제오늘 귀찮게 해드려 죄송합니다. 그럼 저는 이만…….'

방 선생은 홍 대리의 인사도 받지 않았다. 그저 고개를 숙인 채 묵묵히 뭔가를 쓰기만 했다. 홍 대리는 얕은 한숨을 내쉬고 문 쪽으로 걸어갔다. 아무래도 잘못 왔다는 생각이 들었고, 어쩐지 몹시 부끄럽기까지 했다. 문손잡이를 돌리기 전에 다시 방 선생 쪽을 쳐다보았다. 그때였다. 고개를 든 방 선생과 정면으로 눈이 마주쳤다.

"아, 안녕히 계세요."

당황한 홍 대리가 재차 인사를 하자 방 선생이 가까이 오라는 손짓을 했다.

"네?"

"잠깐 이리 와서 앉아 봐요."

"아, 네."

홍 대리는 소파가 있는 쪽으로 다시 쭈뼛쭈뼛 걸어갔다.

"와인의 세계는 무한히 넓고 다양합니다. 저 역시 그 세계를 다 알지는 못합니다. 그래도 제가 알고 있는 걸 배우고 싶다면 이걸 먼저 시도해 보세요."

방 선생은 그렇게 말하고 홍 대리에게 메모지를 건넸다. 홍 대리는 얼떨떨한 표정으로 메모지를 받아 펼쳐 보았다.

첫 번째 과제

음식과 함께 와인 마셔 보기

– 소고기와 레드 와인 3종, 생선과 화이트 와인 3종 마셔 보기

1. 소고기와 서로 다른 품종의 레드 와인 3종 맛보기

74

카베르네 소비뇽(Cabernet Sauvignon)

메를로(Merlot)

시라(Syrah)

- 카베르네 소비뇽의 경우 프랑스 보르도산은 100퍼센트 이 품종
으로만 양조되지 않고 다른 품종들이 블렌딩되는 경우가 흔한
데, 최소 70퍼센트 이상은 카베르네 소비뇽이 사용된 와인으로
할 것. 여의치 않으면 칠레산으로 먼저 찾아볼 것.

- 와인을 직접 골라 보는 것은 즐거움이자 연습이므로 특정 브랜
드를 지정하지는 않겠으나, 되도록 소비자가격으로 2만 원대 이
상의 중급 품질의 와인을 택할 것.

- 음식 없이 와인만 먼저 맛보고, 그다음에 음식과 와인을 맛볼 것.

2. 생선 요리와 서로 다른 품종의 화이트 와인 3종 맛보기

샤르도네(Chardonnay)

소비뇽 블랑(Sauvignon Blanc)

리슬링(Riesling)

- 딸림 요리가 다양하게 나오는 횟집에 가서 되도록 여러 가지 음
식들과 함께 먹어 볼 것.

- 음식 없이 와인만 먼저 맛보고, 그다음으로 음식을 먹고 바로
와인 맛을 볼 것.

주의할 점

1. 서두르지 말고 천천히 관찰하며 느껴 볼 것.

2. 그때그때의 느낌을 바로 메모할 것.

3. 서로 다른 품종의 와인을 비교하면서 차이점을 느껴 볼 것.

4. 특정한 향이나 맛을 잡아내려 하지 말고, 전체적으로 와인의 스타일을 읽어 낼 것.

5. 각 품종에 맞는 잔을 사용하면 가장 좋겠으나 여의치 않으면 모두 같은 모양의 잔으로 하되 되도록 큰 잔을 사용할 것.

6. 무엇보다 즐기면서 할 것!

홍 대리가 메모지에서 눈을 떼고 방 선생을 보자 그는 예의 묘한 미소를 머금은 채 고개를 끄덕였다.

"레드 와인 세 종류와 화이트 와인 세 종류를 쓴 이유는 레드 와인과 화이트 와인이 와인 중에서 가장 일반적인 형태이기 때문입니다. 이 둘을 비교해 속성의 차이를 느껴 보면 도움이 될 겁니다.

조금 전에도 말했다시피 와인은 음식의 일부로 발전해 온 하나의 문화입니다. 서양에서는 아주 오래전부터 빵과 와인이 없는 식탁을 공허한 것으로 여기는 인식을 가지고 있죠. 와인이 음식과 이상적으로 어울릴 때는 서로를 북돋아 주는 시너지 효과를 일으키기도 하죠. 그래서 와인은 음식과 함께 먹어야 와인의 본질에 효과적으로 다가갈 수 있습니다.

일반적으로 레드와인은 고기 요리처럼 풍미가 깊고 무게감이 있는 음식에 곁들여 마십니다. 화이트 와인은 식욕을 돋우는 식전주로 마시거나, 생선이나 해산물 요리에 어울립니다. 물론 이것은 원론적인 이야기이고, 재료 외에도 조리 방법이나 소스, 향신료의 사용법에 따라 얼마든지 다양한 음식과 어울릴 수 있습니다. 홍대리님은 처음 와인을 접하는 것이니 기본을 따라 와인에 어울리는 음식과 함께 마셔 보는 게 좋겠지요."

"그럼, 제게 가르침을 주시는 겁니까?"

"하하하, 와인을 처음 접하는 사람이 어떻게 와인을 시작하는 것이 좋은지 썼을 뿐입니다. 그다음부터는 홍 대리님 몫입니다. 와인을 마시고, 그 맛을 꼭 기록해 두세요. 기록을 해두면 저마다 다른 와인의 풍미를 한눈에 비교 분석할 수도 있으니까."

"네."

"되도록이면 한자리에서 비교를 하는 게 좋습니다. 이를테면 레드 와인 세 종류를 그 자리에서 맛보는 것이죠. 일주일 내내 여섯 종류의 와인을 마시라는 뜻은 아닙니다. 날짜를 정해 하루는 레드 와인을, 하루는 화이트 와인을 마셔 보라는 것이죠. 그렇게 해보겠습니까?"

"네, 선생님. 정말 고맙습니다."

"별말씀을. 그럼 일주일 후에 보죠."

"그런데…… 왜 마음이 바뀐 겁니까?"

홍 대리의 질문에 방 선생은 일말의 망설임도 없이 바로 대답했다.

"마음이 바뀌었다기보다 홍 대리님이 성급하게 제 마음을 단정 지은 거죠. '그럼에도 불구하고 한번 해봅시다'라고 말하려던 참이었는데 뒷말은 들어 보지도 않고 간다는 말부터 꺼내지 않았습니까?"

"아……!"

"오늘이 목요일이니 다음 주 목요일에 보도록 하죠. 장소는……."

"제가 이곳으로 오겠습니다. 그리고……."

홍 대리는 잠시 망설였지만 곧 씩씩하게 말을 꺼냈다.

"저보다 연배가 높으신 데다 이제 사부님이 되셨으니 말씀 놓으세요."

방 선생은 호탕하게 웃으며 그러겠다고 대답했다. 하지만 다음 주 목요일부터 그러겠으니 오늘은 잘 들어가시라고 끝까지 말을 놓지 않았다.

거리로 나서자 초겨울의 차가운 바람이 기다렸다는 듯 달려들었다. 을씨년스럽기가 짝이 없는 날이었다. 그런데도 그다지 춥지도 쓸쓸하지도 않았다. 자신의 삶으로 무엇인가 조용히 스며들고 있는 것 같은, 혹은 어쩐지 기분 좋은 만남이 저 앞에서 기다리고 있는 것 같은 느낌이 들어서였을 것이다.

알수록 빠져드는 와인의 세계

"와인을 사 들고 가도 괜찮아요?"

레스토랑으로 들어서기 전에 도나가 확인하듯이 물었다.

"괜찮아."

"정말요?"

"그럼, 정말이지. 와인을 잔으로 파는 곳은 별로 없어. 병째로 구입해야 하는데, 레드 와인 세 병을 어떻게 다 시켜? 여기 예약하면서 사정을 설명했더니 한 병만 주문하고 다른 두 병은 들고 와도 괜찮다고 하더군. 심지어는 편안하게 들고 와 마시라고까지 했다니까. 그리고 외부에서 와인을 구입해 레스토랑이나 와인바에서 마시는 경우도 곧잘 있다고 그러던데. 그럴 경우엔 보통 가게에서 요구하는 병당 일정액을 지불하면 된대. 그리고 그것을 코르키지(corkage) 또는 코르크 차지(cork charge))라고 하고."

"그럼 다행이고요. 그나저나 이렇게 빨리 저녁 식사 약속을 지킬 줄은 몰랐는걸요. 그것도 이런 레스토랑에서. 아, 이곳 분위기 좋다."

도나는 한결 편안해진 표정으로 레스토랑 안으로 들어서더니 발랄하게 말했다. 예약해 둔 좌석에 앉은 뒤 홍 대리도 슬쩍 홀 안을 둘러보았다. 그다지 밝지도 어둡지도 않은 조명, 단순하면서도 세련된 인테리어에 그럭저럭 만족하며 그도 고개를 끄덕였다.

"필레미뇽 스테이크와 티본 스테이크, 그리고, 와인은 몬테스 알파 카베르네 소비뇽(Montes Alpha Cabernet Sauvignon)으로 주세요. 그리고 어제 예약할 때 말씀드렸다시피 제가 들고 온 와인을 마셔도 괜찮죠?"

"네. 그럼요, 손님."

주문을 받은 웨이터가 자리를 뜨자 홍 대리는 의기양양하게 도나를 쳐다보며 말했다.

"봤지? 아무 걱정 없이 식사를 즐기면 돼."

"선배 말을 들은 뒤에는 걱정 안 했어요. 그런데 와인 두 병을 따로 구입해 왔는데도 비용이 만만치 않네요. 이렇게 과한 저녁을 사주셔도 괜찮아요?"

"뭐, 매일 마시는 것도 아니고. 뭐든 공부를 하려면 초기 투자 비용 정도는 생각해야지."

"초기 투자 비용이라. 정말 본격적으로 와인을 공부하기로 작정했어요?"

"애당초 시작하지 않았으면 몰라도 이왕에 하는 거 제대로 해봐야지. 게다가 방도욱 씨…… 아니 이젠 선생님이지, 방 선생님에게 제자로 삼아 달라고 두 번이나 찾아간 주제에 얼치기로 할 수는 없잖아."

"사실은 좀 놀랐어요. 선배에게 그런 면이 있는 줄 몰랐거든요. 삼고초려까지는 아니더라도 그런 노력을 하는 걸 보니 사람이 달라 보이더라고요."

"더 멋져 보였어?"

"쳇, 선배는 이게 문제야. 칭찬한 걸 바로 후회하게 만든다니까. 방 선생이라는 분은 어떻게 와인 수입 일을 하게 되었대요?"

"원래 그분 꿈은 세계적인 와인 메이커였대. 그러려면 원산지에서 전문적인 공부를 해야 하는데 집안의 반대가 컸던 모양이야. 게다가 경제적으로 무리가 따르기도 했고."

"꼭 유학을 가야 하나? 우리나라에는 와인 생산지가 없어요?"

"나도 그게 궁금하더라고. 선생님 말씀이 아직 걸음마 단계이긴 하지만 우리나라에서도 와인을 생산한대. 샤토 마니, 디오니캐슬, 23B, 두레앙 같은 게 대표적인 브랜드라더군. 아! 대부도에서 수확한 포도로 만든 그랑코토 와인이라는 것도 있다더군. 또 청도 감 와인이나 나래 와인처럼 포도가 아닌 과일로 만든 와인도 있는

데, 최근엔 오미자로 만든 스파클링 와인 오미로제가 주목을 받고 있대. 국산 첫 와인은 1960년대 후반에 나온 파라다이스야. 그것을 시작으로 노블포도주, 마주앙, 스파클링 와인이었던 그랑주아 등이 70년대에 나오긴 했는데, 지금까지 명맥을 잇고 있는 건 마주앙 정도밖에 없다더라고. 그러니 아무래도 역사가 깊은 원산지에서 공부를 하고 싶었겠지."

"결국 현실이 받쳐 주지 않아 꿈을 접은 거네요. 억울하겠다."

"본인이 좋아하는 일을 하시잖아. 그렇게 생각할 필요는 없을 것 같은데."

"그런가? 하기야 나보다 낫긴 하네요. 난 하고 싶었던 일과는 전혀 무관한 일을 하고 있거든요."

"나도 마찬가지야."

"그래요? 선배는 구매팀에 딱 어울리는 사람이라고 생각했는데."

"어째서?"

"우리 팀이 사람들을 많이 만나게 되어 있잖아요. 선배는 그런 걸 좋아하는 줄 알았어요. 원래는 무슨 일을 하고 싶었는데요?"

"상품개발팀에서 일하고 싶었어. 지원도 그쪽으로 했었고."

"의외네요. 식품공학을 전공했어요?"

"그건 아닌데……. 사람들의 마음을 사로잡을 수 있는 매력적인 상품을 개발하고 싶었거든. 시장을 치밀하게 분석해 고객 니즈를

바탕에 깐 상품을 개발할 수 있다면 얼마나 멋질까. 이런 생각을 했었어. 우리 회사 대표 상품으로 손색없는 독특하고 맛좋은 빵이나 과자를 만들어 내는 게 꿈이라고나 할까."

"부서 이동 신청을 해보지 그랬어요? 아니면 해마다 하는 '신상품 기획 공모'에 기획서를 제출해 보는 건 어때요? 시도는 해봤어요?"

"사실, 매년 공모전에 상품 개발 기획서를 제출했지. 떨어졌지만."

"그랬구나. 간절히 바라면 이루어진다고 하잖아요. 언젠가는 틀림없이 될 테니까 힘내요."

"고마워. 그런데 도나 씨는 무슨 일을 하고 싶었는데?"

"예전엔 그림을 그리고 싶어 했지만 지금은 우리 회사 구매팀에서 일하는 게 좋아요. 식품에서 제일 중요한 건 재료잖아요. 좋은 재료를 찾아내고 계약하고…… 이런 일들에 나름대로 보람도 느껴요."

"은근히 낙천적이네."

둘이 그렇게 대화를 나누는 사이에 와인과 요리가 나왔다.

"맛있겠다."

도나는 양손에 나이프와 포크를 들고는 환하게 웃으며 말했다. 그 모습이 꽤 예뻐 보여 홍 대리는 저도 모르게 싱긋 웃고는 몬테스 알파 카베르네 소비뇽으로 입술부터 축였다. 코를 찌르는 검붉은 과실의 향이 자신의 존재감을 강하게 알려 왔다. 직선적이고도 힘찬 느낌이었다. 와인을 삼키고 나자 잇몸과 이 사이에 뭔가가 끼는 것처럼 조금 뻑뻑해졌다.

스테이크와 함께 마실 때는 어떤 맛이 날지 궁금했다. 홍 대리는 최대한 진지하게 스테이크를 한 입 먹고 와인을 한 모금 마셔 보았다. 와인을 머금고 고기를 씹다 보니 육즙과 와인이 어느새 자연스레 섞였다. 게다가 기름진 느낌과 떫은맛이 서로를 상쇄해 고기의 고소한 느낌이 잘 살아나는 것 같았다.

홍 대리는 수첩을 꺼내 방금 자신이 느낀 것을 그대로 적어 넣었다. 그리고 다시 몬테스 알파 카베르네 소비뇽을 스테이크와 함께 한 모금 마시고는 자신의 느낌을 확인했다. 그 모양이 어찌나 진지했던지 도나는 마치 신기한 걸 보는 듯한 눈빛으로 홍 대리를 살폈다.

"뭐 하는 거예요?"

"와인의 풍미를 느끼는 중이야. 도나 씨도 이 와인을 한번 마셔 봐. 아, 볼을 쥐지 말고 줄기(스템)를 잡아."

"편안한 대로 잡으면 되지."

"도나 씨 말이 맞아. 하지만 볼을 쥐면 와인의 색깔을 보거나 잔을 스월링하기에 불편하지. 또 잔을 부딪쳐 건배할 때 나는 듣기 좋은 공명도 못 듣게 되고."

"혹시 볼을 쥐면 체온 때문에 와인 온도가 올라갈까봐 그런 건 아니고요?"

"너무 오래 쥐고 있으면 그럴 수도 있겠지만 잠시 쥐는 정도로는 아무 영향 없어."

"공부한 보람이 있네요."

"뭐, 이런 건 기본이고."

도나는 홍 대리가 시키는 대로 빛깔을 보고 향을 맡은 다음 맛을 보았다. 진지하게 음미하더니 고개를 갸웃거렸다.

"흠……. 떫기만 한걸요."

"떫은맛 속에서 에스프레소 커피처럼 고소한 맛이 느껴지지 않아? 희미하지만 달콤한 향도 나고."

"그런가? 그러고 보니 그런 것 같기도 하고."

홍 대리는 다음으로 장-피에르 무엑스 생테밀리옹(Jean-Pierre Moueix Saint-Emilion) 2008을 스테이크와 함께 음미했다. 처음과 마찬가지로 진지하게 빛깔과 향을 감상한 뒤 맛을 느껴 보았다. 카베르네 소비뇽 품종인 첫 와인에 비해 색이 옅고 투명해 루비 같다는 생각이 들었다. 색처럼 향과 맛 모두 훨씬 유순한 것이 재미있었다. 과일 맛과 떫은맛의 강도가 카베르네 소비뇽에 비해 덜한 것이 편안한 누나 같은 느낌을 주었다.

홍 대리는 입안에서 감도는 나긋한 자연스러움에 기분 좋은 표정을 짓고는 수첩에 느낌을 쓰기 시작했다.

"또 기록해요?"

도나가 말했다.

"잊어버리기 전에 써둬야지."

"그러니까 내가 꼭 병풍 같잖아. 이게 뭐야, 대화도 없이."

"대화하고 있잖아. 이것도 한번 마셔 봐. 어떤 느낌인지 알고 싶지 않아?"

"참내. 친구 따라 강남 간다더니 딱 그 짝이네."

도나는 투덜거리면서도 장-피에르 무엑스 생테밀리옹을 마시고는 그 느낌을 한마디로 설명했다.

"첫 번째 와인보다 훨씬 과실주 같아요. 첫 번째 와인은 색도 풍미도 강하고 짙은 느낌인데 이 와인은 자두나 딸기 같은 느낌이 들어요. 신맛이 조금 더 있고 떫다기보다는 약간 쌉쌀하네요.

"그렇지? 이번엔 통하네. 이것도 마셔 보자."

홍 대리는 울프 블라스 옐로우 라벨 쉬라즈(Wolf Blass Yellow Label Shiraz) 2007을 들고는 아이처럼 들떠서 말했다. 도나는 그럴 줄 알았다는 표정을 지으며 시원하게 말했다.

"그래요, 다 마셔 보자고요. 이참에 나도 와인을 즐겨 보지, 뭐."

집으로 돌아오자마자 홍 대리는 침대 위에 드러누웠다. 어쩐지 몸도 마음도 노곤했다. 저녁 식사는 생각보다 길었지만 그만큼 즐겁기도 했다. 눈을 감으니 붉고 아름다운 빛깔이 아른거렸다.

홍 대리는 오늘 마셨던 와인을 하나하나 떠올리며 그 향과 맛까지 되새김질해 봤다. 그러다 문득 맞은편 자리에 앉아 있던 도나의 얼굴이 떠올랐다. 생각해 보니 구내식당이 아닌 곳에서 도나와 단둘이 저녁 식사를 한 건 처음이었다. 어쩌면 그녀와 함께한 저녁이었기에 더 즐거웠을지도 모른다는 데 생각이 미치자 그는 벌떡 몸을 일으키고는 휴대전화를 찾았다.

📱 내일 저녁도 함께 하자.

홍 대리는 문자 메시지를 보내고 휴대전화를 뚫어져라 쳐다봤다. 1분쯤 지나 문자 메시지 알림음이 울렸다.

📱 도나: 내일도 와인 때문인 거죠?

📱 홍 대리: 일식집에서 화이트 와인 괜찮지?

📱 도나: 공짜는 무조건 환영. ^^

홍 대리는 피식 웃었다. 어떻게 보면 남녀 관계의 진전을 위해 작업을 거는 것처럼 보일 여지가 많은데도 도나는 그런 생각을 하지 않거나, 그런 생각이 들어도 별로 개의치 않는 듯했다. 어떤 경우든 담담하기까지 한 그녀의 반응에 홍 대리의 마음도 편안해졌다.

'역시 도나야.'

홍 대리는 일어나 앉은 김에 노트북을 켰다. 오늘 마셨던 와인의 풍미를 정리해 두기 위해서였다. 그는 한글 파일을 열어 빠르게 자판을 치기 시작했다.

"와인에다 와인잔까지! 일식집으로 소풍 온 것 같네요."

여직원이 문을 닫고 나가자 홍 대리는 테이블 위에다 직접 들고 온 와인잔을 올려놓았다. 도나는 재미있다는 듯 웃으며 홍 대리가 와인병의 코르크 마개를 따는 모습을 지켜보았다.

"어쩔 수 없잖아. 일식집에서는 와인을 팔지 않으니까. 당연히 잔도 빌릴 수 없고."

"사실, 어젠 좀 어색했거든요. 오늘은 그런가 보다 싶네요. 그런 데 정말 괜찮겠어요? 어제오늘 지출이 과하신 것 같은데?"

"별걱정을 다 해주네. 어제도 말했지만 매일 이러는 것도 아니고 한두 번이잖아. 괜찮아."

"뭐, 나야 좋긴 하지만⋯⋯."

"오늘도 마음껏 미각의 세계에 빠져 보자고."

홍 대리는 도나의 잔에 윌리엄 페브르 샤블리(William Fevre Chablis) 2010을 따르며 쾌활하게 말했다.

"그럼요. 이런 기회가 어디 흔한가요."

확실히 '경험'은 좋은 스승이 되어 주었는지 도나는 어제보다 훨씬 더 유쾌하게 홍 대리와의 식사를 즐기는 것 같았다. 그녀는 자신의 가족사를 비롯해 친구들과 있었던 이야기 같은 걸 들려 주다가도 와인을 진지하게 맛보고는 자신의 의견을 말해 주는 것도 잊지 않았다.

　이틀이나 연달아, 그것도 목적이 분명한 저녁을 먹다 보니 홍 대리는 자신들만의 은근한 공감대가 형성된 듯한 기분이 들었다.

　"도나 씨도 이참에 나랑 와인 공부하지 않을래?"

　"흠. 좋긴 한데…… 돈이 많이 들잖아요."

　"그래……?"

　홍 대리는 적잖이 실망을 하며 말끝을 흐렸다. 사실, 어제오늘 저녁 식사로 지출되는 비용이 만만치는 않았다. 만약 방 선생이 이런 과제를 계속 내면 자신의 수입으로 감당하기 힘들 것 같다는 생각도 들었다.

　'정말 비싼 취미인 건가?'

　홍 대리는 그런 생각을 하며 고개를 갸웃거렸다.

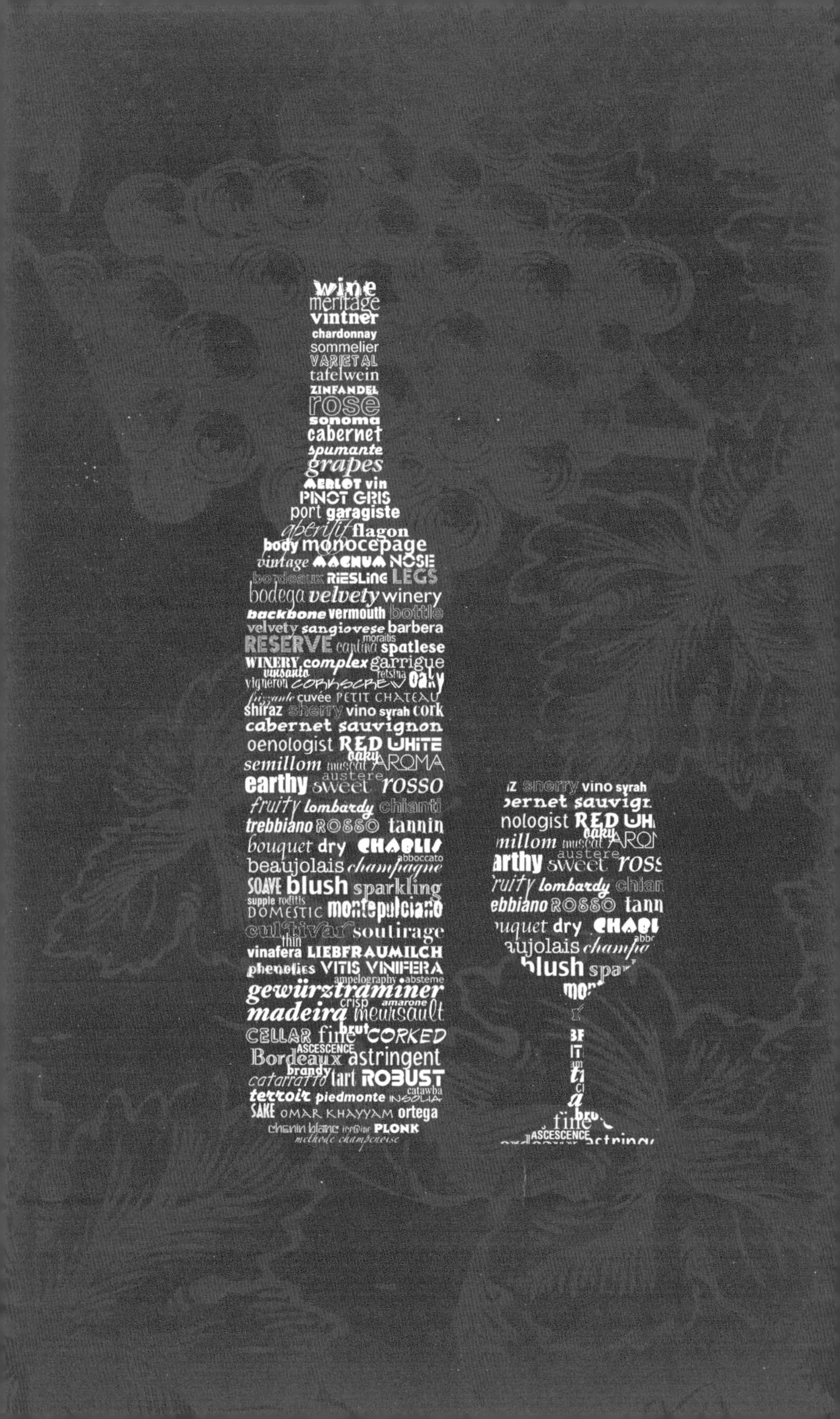

제3장

홍 대리, 와인에서
인생을 배우다

값싸고 질 좋은 와인을 찾아라

일주일 만에 만나는 방 선생은 어딘지 모르게 초췌해 보였다. 몇 번 보지는 않았지만 볼 때마다 기운이 충만해 있는 이미지였기 때문에 홍 대리는 그의 그런 모습이 영 낯설었다.

"피곤해 보입니다. 그동안 많이 바쁘셨나 봅니다."

홍 대리의 걱정에 그는 괜찮다는 듯 손을 휘저었다.

"와인 업자들이 제일 바쁜 시기지. 겨울이 성수기거든."

"그래요? 어째서…… 아, 크리스마스!"

"맞아. 그리고 연말과 연초. 이런저런 모임이 많은 때지."

"그렇군요. 그런데 저까지 귀찮게 해드려서 어쩝니까?"

"귀찮기는. 저번에도 말했다시피 난 와인을 추천해 줄 뿐이고, 그것을 마시는 것도 기록하는 것도 다 자네가 할 일인걸. 그래, 지난 일주일 동안 와인은 다 마셔 봤나?"

"네, 여기 정리해 뒀습니다."

홍 대리는 레드 와인과 화이트 와인을 음식과 곁들여 먹은 후 느낀 걸 정리해 둔 종이를 건넸다.

 첫 번째 과제에 대한 보고서

▌레드 와인

1. (칠레산) 몬테스 알파 카베르네 소비뇽 2009

풍미의 존재감이 가장 뚜렷한 와인이었습니다. 짙고 검은 산딸기 향, 고무 향, 박하 향이 났고 통제되어 있으면서도 와일드한 생기가 느껴졌습니다. 이번 과제에서 마신 와인 중 제일 떫었습니다. 하지만 자꾸 맛보다 보니 떫은 가운데에서도 달콤한 맛이 매우 희미하게나마 느껴졌습니다. 스테이크를 한 입 먹고 와인을 한 모금 마시니 고기가 덜 기름져 입안이 개운한 느낌이 들었고, 와인도 훨씬 부드럽게 느껴졌습니다.

2. (프랑스 보르도산) 장-피에르 무엑스 생테밀리옹 2008

라벨 어디에도 메를로라고 씌어 있지 않았지만 판매 사원의 말에 따르면 생테밀리옹 와인은 메를로가 주품종이라고 합니다. 마셔 본 결과 여성적인 와인이라는 인상을 받았습니다. 즙이 많은 붉은 과일 같은 느낌을 주는 데다 덜 떫어 편안하게 마실 수 있었습니다. 과실주의 느낌이 잘 살아 있었습니다.

과일 이외의 다른 미묘한 느낌도 있었지만 그 느낌이 무엇인지 표현하기는 어렵습니다. 와인 자체만으로도 편해서인지 음식과 함께 먹었을 때 특별히 더 부드럽거나 편안해진 것 같은 느낌은 덜 들었습니다. 다만 스테이크와 같이 나온 버섯하고 먹으니 훨씬 맛있다는 생각이 들었습니다.

3. (호주산) 울프 블라스 옐로우 라벨 쉬라즈 2007

달콤한 여운을 주어서인지 마신 와인 중 과실주의 느낌이 가장 풍부했습니다. 몬테스 알파 카베르네 소비뇽처럼 검은 과일의 느낌이 들었지만 그것보다는 더 달콤하고 매끈한 과일을 먹는 느낌이었습니다. 한마디로 카베르네 소비뇽처럼 풍부하면서도 동시에 부드러운 맛이 느껴졌습니다. 떫은맛이 적잖게 났지만 느낌상으로는 많이 떫지 않았습니다. 비유하자면, 성격 좋은 젊은 남자 같은 와인이었습니다.

총평: 한자리에서 세 품종의 와인을 비교하며 시음하니 각 품종마다 가지고 있는 개성을 도드라지게 느낄 수 있었습니다. 어쩌다 와인을 마셨던 예전에는 어떤 와인을 마셔도 다 똑같은 맛으로만 여겨졌는데, 비교해서 마셔 보니 떫거나 부드러운 정도, 신맛의 정도가 조금씩 다르다는 걸 알 수 있었습니다. 와인에서 느껴지는 과일 느낌 외에 다른 요소들도 느껴지던데, 뭐라고 표현하기는 어려웠습니다. 또 정확히 어떤 과일이라고 말하기는 힘들지만 조금씩 다른 과일의 모습을 지니고 있었습니다.

화이트 와인

1. (프랑스 부르고뉴산) 윌리엄 페브르 샤블리 2010

빛깔이 은은하고 향은 차가운 기운이 감돌았습니다. 그 때문인지 말 붙이기 어려운 차갑고 도도한 여자 같다는 생각이 들었습니다. 감귤류 과일의 느낌이 났지만 입에 침이 흥건히 고일 것 같은 신맛이 강해 짜릿했습니다. 졸릴 때 먹으면 잠이 확 달아날 것 같았습니다.

회와 먹으니 신맛이 조금 누그러지면서 회를 먹는 재미도 더했습니다. 굴하고 먹으니 약간 비릿한 굴이 무척 깔끔해졌습니다. 신맛이 풍부하고 단맛은 느껴지지 않아 음식 없이 와인만 놓고 마시게 될 것 같지는 않다는 생각을 했습니다.

2. (뉴질랜드산) 킴 크로포드 말보로 소비뇽 블랑(Kim Crawford Marlborough Sauvignon Blanc) 2011

약하게 초록빛이 감도는 또 다른 느낌의 짜릿한 와인이었습니다. 잔에 따르자마자 코끝으로 스며드는 향이 뚜렷하고 인상적이었습니다. 알싸한 향의 느낌을 뭐라고 정의해야 할지는 모르겠습니다. 하지만 굳이 표현하자면, 예전에 동네 아주머니들이 돗자리를 펴고 가을 햇살에 빨간 고추를 말리곤 하셨는데 그 옆을 지나갈 때 코를 찌르는 그 알싸함과 닮아 있었습니다. 자몽처럼 시큼한 맛이 강했지만 열대 과일의 단 느낌도 살짝 느껴졌습니다. 회와 먹어도 무난하고 다른 해산물과 먹어도 무난했지만 회와의 궁합은 처음에 마셨던 샤블리가 훨씬 나았습니다.

3. (미국 워싱턴주산) 샤토 생 미셸 컬럼비아 밸리 리슬링(Chateau Ste. Michelle Columbia Vally Riesling) 2010

리슬링은 독일, 프랑스 알자스, 미국 워싱턴주, 호주에서 나온 것이 있더군요. 독일과 프랑스의 리슬링이 유명하지만 마니아들이 좋아한다는 워싱턴주의 리슬링을 선택해 봤습니다.

알싸하고 자극적이기보다는 기품이 있는 신맛을 지니고 있으며 청량감이 좋았습니다. 감지할 수 있을 정도로 단맛을 지니고 있어 마시기가 매우 편했습니다. 멍게나 게살처럼 살짝 단 여운이 있는 해산물과 무척 잘 어울렸습니다.

총평: 화이트 와인은 대체로 레드 와인에 비해 맛있다는 느낌이 많이 들었습니다. 그래서 초보자인 저로서는 레드 와인보다 화이트 와인이 와인의 맛을 이해하기가 훨씬 쉬웠습니다. 화이트 와인의 신맛은 해산물의 비릿한 느낌을 잘 잡아 주었고, 회무침 같은 음식의 매운맛과도 비교적 잘 어울렸습니다.

방 선생은 홍 대리의 보고서를 주의 깊게 읽으며 고개를 끄덕이다 한쪽 눈썹을 추켜올리다 하더니 어떤 부분에서는 붉은 펜으로 체크까지 했다.

"무슨 문제라도 있습니까?"

홍 대리는 지레 걱정이 되어 물었다.

"아닐세. 각 품종별로 전형적인 와인으로 잘 골랐네. 체크를 한 건 표현이 재미있어서야. 칠레산 몬테스 알파 카베르네 소비뇽에서 고무 향이라……. 이건 그 와인에서 나는 강렬한 블랙커런트 향을 마땅히 표현할 다른 말을 찾지 못해 쓴 것 같군.

와인은 마시는 사람의 감각에 따라 전혀 다른 맛으로 느낄 수도 있는데, 그게 또 와인의 매력이기도 하지. 잘했어. 전체적으로 잘 관찰했고 표현력도 풍부하군. 그런데 이거 자네 혼자 다 관찰한 건가?"

"아, 아닙니다. 직장 동료랑 함께 마셨는데 같은 와인을 두고도 서로 전혀 다른 평가를 하게 되더라고요. 같은 향수를 뿌리더라도 그 사람의 체취와 섞여 다른 향이 나는 것처럼. 그래서 그 친구의 표현도 같이 적었습니다. 그런데 선생님……."

홍 대리는 어젯밤부터 머릿속에서 뱅뱅 돌던 의문을 풀기 위해 어렵게 말을 꺼내 놓고서도 잠시 망설였다.

"뭔가? 말해 보게."

"저같이 평범한 직장인은 와인을 배우기 어렵지 않을까 하는 생각이 들었습니다."

"아니, 왜?"

"그러니까…… 그게, 그…… 돈이……."

"아!"

방 선생은 홍 대리가 하는 말의 뜻을 깨닫고는 곧바로 너털웃음을 터뜨렸다.

"그렇겠군. 그런 생각이 들 만도 했겠어. 무려 여섯 종류의 와인을 마셔야 했으니. 게다가 식사 비용까지 들었겠지."

"네, 그랬습니다."

괜히 민망해진 홍 대리는 기어 들어가는 목소리로 답했다.

"물론 돈이 많으면 좋은 와인을 접할 기회가 더 생기겠지. 그런데 그건 어떤 일이나 다 마찬가지 아닌가. 만약 자네가 기타에 취미를 붙였다고 생각해 보게. 그럼 더 값비싼 기타를 갖고 싶어지겠지. 운동에 취미를 붙여도 마찬가지야. 처음엔 저렴한 운동복이나 운동화를 구입하겠지만 점점 욕심이 생기겠지. 세상에 있는 모든 물품은 저렴한 것에서 비싼 것까지 다양한 가격대가 있게 마련이니까.

와인도 마찬가지일세. 몇 백만 원을 호가하는 와인이 있는가 하면, 단돈 만 원도 되지 않는 와인도 있지. 그런데 비싼 와인이 꼭 좋은 와인은 아니야. 반대로, 저렴하다고 해서 나쁜 와인도 아니지.

저번에 샤토 노통 2005를 마셨을 때를 생각해 보게. 그 와인은 샤토 브란 캉트낙 1992의 절반에도 못 미치는 가격이었지만 풍미는 손색없이 풍부하고 훌륭했어.

이처럼 와인 생산자 중에는 자신의 철학과 수준에 따라 질 좋은 와인을 비싸지 않게 공급하는 경우가 꽤 있는 편이지.

그리고 유명하지 않은 산지에서도 매우 좋은 밸류의 와인을 생산해 내곤 하는데, 그런 곳의 와인을 잘만 찾아낸다면 질 좋은 와인을 저렴한 가격에 맛볼 수도 있겠지. 이를테면 남프랑스의 뤼베롱이나 방투, 코르비에 같은 지역이 있네. 그곳은 와인 생산지로 그다지 유명하지는 않지만 매우 좋은 밸류의 와인을 생산해 내지. 이 지역의 와인은 최상급이라고 해도 3, 4만 원대에 구할 수 있다네. 프랑스, 이탈리아, 스페인에 이런 지역이 산재해 있으니 고밸류 지역들의 와인을 찾아 마시는 재미가 쏠쏠할 걸세.

와인의 질과 와인의 가격대가 꼭 비례하는 것은 아니기 때문에 와인을 공부할 필요가 있는 것일세. 좋은 와인을 알아보는 안목을 키워 적정선에서 와인을 즐기기 위해서지. 잊지 말게. 아는 만큼 보이기 마련이라네. 어떤 일에서든 아는 만큼 선택의 기회가 주어지지. 그러자면 초기 비용은 어쩔 수 없이 들 수밖에 없네."

"그렇군요. 그럼 언제까지……."

"과제를 계속 해야 하냐고?"

"네."

"앞으로 네 번 더. 그 정도면 와인의 향과 맛을 좀 더 명확하게 느낄 수 있을 걸세. 그러니까, 와인의 기본을 이해하게 되는 거지. 그리고 이번 과제부터는 경제적으로 부담이 덜 될 걸세. 와인 매장에서 구입한 와인을 자네가 편한 곳에서 시음하면 되니까."

"그럼 이번부터는 음식과 함께 와인을 시음하는 것이 아니군요."

"그렇다네. 그게 그렇게 좋은가?"

"직장인이다 보니 매주 외식은 부담스럽죠."

"하하하, 솔직하군. 그래, 그렇긴 하지. 아 그리고 말일세, 와인의 풍미를 표현하는 기본 용어를 익혀 두게. 와인의 풍미를 표현할 때는 바디(Body), 밸런스(Balance), 텍스처(Texture), 피니시

(Finish), 아로마(Aroma), 부케(Bouquet)라는 말을 주로 사용하는데 이러한 개념을 이해하고 있으면 와인의 풍미를 설명하는 데 도움이 되지. 물론, 자네의 보고서에 나왔던 창의적인 표현도 좋긴 해. 하지만 다른 사람들과 그 느낌을 공유하는 데는 어느 정도 걸림돌이 되겠지."

"걸림돌이 된다고요? 어째서 그렇죠?"

"와인을 마시는 이유는 크게 두 가지로 나눌 수 있지. 하나는 드링킹(음용)이고 다른 하나는 테이스팅(시음)일세.

드링킹은 와인을 즐기기 위해 마시는 것이니 자신의 느낌을 믿고 마시면 되겠지. 하지만 테이스팅은 어떤 목적을 갖고 와인을 세밀히 관찰하기 위해 맛보는 것이지. 만약 생산자라면 최종 완성품을 병입하기 전에 와인이 어떻게 변모해 가고 있고 언제 병입하면 될지를 판단하거나, 블렌딩(서로 다른 품종, 또는 같은 품종이라도 자라난 포도밭이 다르거나 빈티지가 따른 것들을 섞는 것) 와인의 최적 배합 비율을 찾기 위해 테이스팅을 하겠지.

나 같은 업자는 새롭게 상품화할 후보 와인을 검토하거나 소비자와 판매 사원들을 위한 제품설명서를 만들기 위해 테이스팅을 하는 것이고. 자네 같은 소비자라면 와인에 대한 이해도를 높이거나 다른 애호가들과 공유하기 위해서겠지.

어떤 경우든 와인을 마신 사람이 자신만의 독창적인 방법으로만 표현한다면 그 와인의 전체적인 특성과 스타일을 다른 사람에게 정확히 이해시키기는 어려울 걸세.

어느 분야든 약속된 개념이 있듯이 와인도 그렇다네. 그러니 기본적인 용어를 익히고 그것을 표현할 줄 아는 것은 자신은 물론 다른 사람들을 위해서라도 필요한 일이지."

"아, 그렇군요."

"테이스팅 방법을 알면 와인을 좀 더 잘 관찰하고 이해할 수 있지. 테이스팅 방법을 공부하도록 하게. 와인 입문서를 보면 어디에나 이런 내용들이 나온다네. 하지만 정말 중요한 건 와인을 머리가 아닌 코와 입을 비롯한 모든 감각으로 느끼는 거야. 반복된 감각 훈련만이 와인의 풍미를 알 수 있게 해주니까. 자, 이건 이번 주 과제라네."

방 선생은 그렇게 말하고 미리 준비해 둔 메모를 홍 대리에게 건네주었다.

가장 일반적인 10가지 품종 마셔 보기

1. 10가지 서로 다른 품종의 와인을 비교하며 마셔 본다.

2. 가장 일반적인 레드 와인 품종과 화이트 와인 품종을 각각 다섯 개씩 선택한다.

3. 되도록 빈티지는 같은 것으로 하고, 여의치 않으면 1~2년 정도 차이 나는 것으로 고르는 것이 좋다.

"지난 번 과제와 비슷하군요."

홍 대리는 고개를 갸웃거리며 말했다.

"지난 번 과제는 식문화의 일부로서 발전해 온 와인의 기본적 속성을 이해하고, 와인을 음식과 함께 먹었을 때 긍정적인 상호작용을 일으킬 수 있다는 것을 배우는 데 초점을 두었지. 하지만 이번 주에 자네가 해내야 하는 과제는 와인 그 자체의 맛을 느껴보는 것일세. 품종이 다른 포도로 만든 와인의 맛이 각각 어떻게 다른지를 비교하며 맛을 보게. 그래서 빈티지는 되도록 같은 것으로 하라는 전제를 두었지.

자네도 알다시피 숙성이 잘된 와인은 그렇지 않은 와인보다 맛과 향이 훨씬 더 좋지 않던가. 각 포도 품종의 미묘한 차이를 비교하려면 다른 조건은 최대한 통일하는 게 바람직해."

"네, 그러겠습니다. 그런데 이 과제만으로는 어떤 와인을 선택해야 할지 알 수가 없습니다. 지금의 제 실력으로는……."

"하하하, 그렇겠지. 그 점에 대해선 걱정하지 말게. 내일 오후에 자네가 마셔야 할 와인을 좀 더 구체적으로 정리해 이메일을 보낼 생각이었네."

홍 대리는 그제야 마음이 좀 놓였다. 사실 방 선생의 메모만 보았을 때는 이 메모를 보고 어떻게 하라는 건지 난감했기 때문이다.

"고맙습니다, 매번. 바쁘셨을 텐데."

"하하하, 이젠 그런 인사는 그만하게. 나도 매번 말하지만 자네가 와인을 알아 가는 과정을 보는 게 꽤 즐거운 일이거든. 그럼 다음 만남도 목요일이 되겠군. 그때 보세나."

"네, 다음 주에 뵙겠습니다."

홍 대리는 꾸벅 인사를 하고 뒤돌아서다 생각난 듯 말했다.

"선생님, 건강도 챙기면서 일하세요."

방 선생은 빙긋 웃더니 쾌활하게 대답했다.

"'좋은 와인 한 잔은 의사의 수입이 줄어들게 한다'는 프랑스 속담이 있다네. 너무 걱정하지 마시게. 바쁜 시즌일수록 오히려 기운이 나니까."

"아! 도착했구나."

홍 대리는 퇴근하기 전에 마지막으로 이메일을 확인하고는 자신도 모르게 짧은 탄성을 내질렀다. 방 선생이 오늘 오후에 보내 주겠다는 이메일이 퇴근 시간이 다 되도록 도착하지 않아 괜히 애가 닳아 있었던 것이다. 이번 주 과제로 주어진 와인이 무엇인지 궁금하기도 했지만 이왕이면 집에 가기 전에 와인을 구입해 들어가고 싶었다. 홍 대리는 방 선생이 보낸 이메일을 열고 꼼꼼히 읽어 보기 시작했다.

어제 말한 대로 와인 리스트를 보내네. 이 리스트에 있는 것 말고도 무수히 많은 와인이 있지만 각 품종의 특징을 잘 살리면서도 품질이 좋은 데다 비교적 구하기 어렵지 않은 것들로 구성해 봤네. 물론 고가는 피했지.

문제는 빈티지인데 레드는 2008 또는 2009 빈티지가 대부분이고, 화이트는 2009 또는 2010이 대부분일 걸세. 모두 같은 빈티지라면 좋겠지만, 현실적으로 그렇게 구하기는 어려우니 이 점을 감안하기 바라네.

아, 그리고 매장에서 구입할 때 와인별로 설명서를 달라고 하게. 없으면 이메일로 보내 달라고 하거나 확인할 수 있는 웹사이트를 알려 달라고 하거나.

가장 일반적인 10가지 품종 마셔 보기

▌레드 와인

1. 카베르네 소비뇽(Cabernet Sauvignon) 품종
(프랑스 보르도산) 라피트 레정드 메독(Lafite Legende Medoc)

2. 메를로(Merlot) 품종
(미국 워싱턴주산) 샤토 생 미셸 컬럼비아 밸리 메를로(Chateau Ste. Michelle Columbia Valley Merlot)

3. 시라(Syrah) 또는 쉬라즈(Shiraz) 품종
(프랑스 론산) 폴 자불레 크로제 에르미타주 레 잘레(Paul Jaboulet Crozes Hermitage Les Jalets) 또는 (호주산) 짐 베리 랏지 힐 쉬라즈

(Jim Barry Lodge Hill Shiraz)

4. 피노 누아(Pinot Noir) 품종
(프랑스 부르고뉴산) 부샤 페레 피스 코트 드 뉘 빌라주(Bouchard Pere & Fils Cotes de Nuit Villages)

5. 산지오베제(Sangiovese) 품종
(이탈리아 토스카나산) 카스텔로 디 쿼르체토 키안티 클라시코(Castello di Querceto Chianti Classico)

화이트 와인

1. 샤르도네(Chardonnay) 품종
(미국 캘리포니아산) 베린저 파운더스 이스테이트 샤르도네(Beringer Founders' Estate Chardonnay)

2. 소비뇽 블랑(Sauvignon Blanc) 품종
(프랑스 루아르산) 앙리 부르주아 상세르 레 바론(Henri Bourgeois Sancerre Les Baronnes)

3. 리슬링 (Riesling) 품종
(독일) 다인하트 그린 라벨 리슬링(Deinhard Green Label Riesling)

4. 피노 그리 또는 피노 그리지오 (Pinot Gris/Pinot Grigio) 품종
(이탈리아 프리울리산) 디 레나르도 피노 그리지오 (Di Lenardo Pinot Grigio)

5. 게뷔르츠트라미너 품종

(프랑스 알자스산) 휘겔 게뷔르츠트라미너(Hugel Gewürztraminer)

홍 대리는 이메일을 출력해 양복 안주머니에 넣었다. 오늘 밤에 바로 이 와인들 중 몇 가지는 맛볼 수 있겠구나 싶어 흐뭇한 기분이 들었다.

'이러다 와인 전문가가 되어 버리겠네.'

우물가에서 숭늉을 찾는 격이라는 것을 알면서도 홍 대리는 괜히 우쭐해져서는 입가에 미소까지 흘렸다.

 주요 포도 품종의 특징!  Tip

🍷 레드 와인

1. 카베르네 소비뇽(Cabernet Sauvignon)

카베르네 소비뇽이 레드 와인의 왕좌를 거머쥐었다고 말한다면 여기에 이의를 달 수 있는 다른 품종은 거의 없을 것이다. 다른 품종, 예컨대 카베르네 소비뇽과 세계 최고급 레드 와인계를 양분하고 있는 피노 누아조차 카베르네 소비뇽의 다양한 환경에 대한 적응성에는 상대가 되지 못한다. 그만큼 한마디로 위대하고 영웅적인 품종이고, 과거 프랑스가 주도하던 와인 세계를 미국, 호주, 칠레 등으로 다핵화하는 데 결정적으로 기여한 품종이다. 그만큼 자기 존재감이 뚜렷한 독불장군과 같은데 프랑스 보르도 지역에서는 메를로나 카베르네 프랑 등의 가신 품종들과 블렌딩되며, 좀 더 완숙한 풍미를 얻을 수 있는 미국, 호주, 칠레 등의 이른바 신세계에 속하는 국가에서는 100퍼센트 단일 품종 또는 그에 가깝도록 많이 양조된다.

카베르네 소비뇽은 작은 알, 두터운 껍질, 많은 씨앗을 특징으로 하는 만생종이다. 두터운 껍질 덕에 충분한 색소와 풍부한 탄닌이 늘어 있으나 생장 기간이 길고 일조량이 충분해야 완숙에 이를 수 있다. 두터운 껍질은 또한 병충해에도 비교적 저항력이 있어 적당한 일조량이 보장된다면 세계 각처에서 재배될 수 있다. 풍부한 탄닌과 구조적 치밀함을 지녀 장기 숙성형 와인에 가장 적합하다.

세계 각지에서 재배되는 만큼 스타일과 가격대가 다양한데, 너무 더운 기후에서 재배되면 신맛이 부족하고 풍미의 복합성이 없어 단순한 주스 같은 와인이 될 수 있고, 일조량이 부족한 곳에서 재배되면 과일 풍미와 탄닌이 완숙에 이르지 못해 피망이나 풀 등의 냄새가 날 수도 있다.

주요 재배지 : 프랑스의 보르도, 미국의 캘리포니아주와 워싱턴주, 호주, 칠레, 아르헨티나, 남아공, 이탈리아 등

풍미의 특징 : 이 품종으로 만든 와인의 교과서적 특징은 블랙커런트(Black currant. 우리말로는 까막까치밥나무 열매이며, 프랑스에서는 카시스라고 한다)다. 그 밖에도 검붉은 베리류 과일(블랙베리, 블랙체리, 레드체리 등)과 자두, 검은 올리브, 바닐라, 민트, 초콜릿, 에스프레소 등의 복합적인 풍미를 지닌다. 장기 숙성형 와인은 반드시 오크 숙성을 거치며, 본래 타고난 과일의 풍미 이외에도 오크 숙성 과정에서 부가적으로 생성되는 풍미인 바닐라, 훈연, 연필심, 삼나무, 시가 상자 등의 향과 환상적인 조화를 이룬다.

2. 메를로(Merlot)

메를로는 카베르네 소비뇽과 함께 보르도 스타일의 블렌딩 방식으로 만든 레드 와인에서 중요한 역할을 수행한다. 영어식으로 멀럿으로도 발음하는 메를로는 보르도 전체에서는 카베르네 소비

농보다 오히려 재배량이 더 많으며, 생테밀리옹이나 포므롤 지역에서는 블렌딩을 할 때 주요한 품종 역할을 맡는다.

메를로는 카베르네 소비뇽에 비해 알이 크고, 껍질은 덜 두꺼우며 더 빨리 완숙에 이르는 조생종이다. 알이 크고 껍질이 얇기 때문에 과육의 부피가 크다. 따라서 많은 과즙을 얻을 수 있어 생산자들에게는 높은 생산성을 가져다주는 착한 품종이다. 껍질이 얇아서 강하지 않고 중간 정도의 색소와 탄닌을 지니는데, 다른 품종보다 당분이 많아서 완성품 와인의 알코올 도수는 약간 높을 수 있지만 전체적으로는 과실 풍미가 풍성하고 유연하며 매끄럽고 실크 같은 느낌의 와인이 된다.

카베르네 소비뇽이 튼튼한 골격과 중추를 세우는 품종이라면, 메를로는 관능적이고 육감적인 살집을 제공하는 품종이다. 강하지 않은 탄닌과 부드러운 과실 풍미가 유연하게 흘러넘치는 특성으로 단일 품종으로도 사랑을 받으며 특히 여성이나 초심자들에게 큰 사랑을 받는다. 한편 태생적으로 부드럽고 관용적인 특성을 지니므로 완성도가 높은 와인이 되기 위해서는 포도의 완숙도가 좋아야 하는데, 그렇지 못한 포도로 만들면 가볍고 묽어 인상적이지 않은 와인이 될 수도 있다.

메를로는 거의 대부분 오크통에서 숙성시켜 병입하는데, 일찍 숙성되어 영 빈티지일 때도 음용하기가 좋지만 중기 숙성에도 무리가 없다. 고급품은 카베르네 소비뇽을 따르지 못하지만 장기 숙성 능력도 충분하다.

주요 재배지 : 프랑스의 보르도, 미국의 캘리포니아주와 워싱턴주, 뉴질랜드, 호주, 남아공, 칠레, 아르헨티나, 이탈리아 등

풍미의 특징 : 잘 익은 자두의 부드러운 풍미가 무엇보다 인상적이고 검붉은 베리류 과일의 느낌이 풍부하다. 완숙도가 좋은 포도로 만들면 베리류 과일의 느낌이 매끄럽게 표현되어 블랙체리, 레드체리, 블루베리, 블랙커런트, 딸기, 올리브 등의 느낌이 풍부하고, 오크 숙성을 통하여 커피원두, 모카, 초콜릿 등의 풍미가 추가되어 매력적으로 발전한다.

3. 피노 누아(Pinot Noir)

부르고뉴 지역을 세계 최고의 와인 산지로 만들었을 뿐 아니라 일종의 경외심이 들게까지 한 적포도 종이다. 한마디로 세계에서 가장 다루기 까다롭고 신비로운 마력으로 가득한 품종이다. 훌륭한 피노 누아 와인의 비단결 같은 식감과 섬세한 산미, 복합스러운 풍미들 간의 정교한 조합을 경험하면 그 초월적 아름다움에 놀라게 되며, 반대로 조악스럽게 만들어진 경우 촌스럽게 진하거나 묽고 복합미가 부족해 실망스럽기 그지없는 와인이 된다.

그만큼 재배 환경에 매우 민감한 품종이어서 널리 세계화된 카베르네 소비뇽에 비해 아직도 '여행을 싫어하는 품종'으로 인식되며, 고급품은 전 세계적으로 부르고뉴를 중심으로 매우 제한된 산지에서만 만들어진다. 이러한 공급의 제한성과 놀라운 풍미는 바

로 가격에 반영되어 어지간한 상급품부터는 바로 '지갑 도둑놈'이 되기 쉽다.

피노 누아는 껍질이 매우 얇아 생장 기간이 짧고 빨리 완숙에 이르는 조생종이다. 더운 지역에서는 쉽게 과숙되어 좋은 와인을 만들 수 없으며, 선선하고 건조하지도 습하지도 않은 지역을 선호한다. 이 조건에 가장 부합하는 지역이 프랑스의 부르고뉴이며, 미국의 오리건이나 캘리포니아, 뉴질랜드처럼 대양과 인접하여 선선한 해풍의 영향을 밀접하게 받는 곳에서도 성공적으로 피노 누아를 재배하고 있다.

피노 누아는 껍질이 얇아서 중간 정도의 탄닌과 미디엄 바디의 와인을 만든다. 색은 매우 투명도가 높은 루비 빛을 띠는데, 카베르네 소비뇽이나 메를로가 짙고 깊은 심홍색을 띠는 것과 뚜렷한 대조를 이룬다. 와인의 산미는 다소 높은 편인데, 산미는 피노 누아 와인이 추구하는 정교하고 세밀한 속성에서 매우 중요한 역할을 하는 인자다. 이러한 속성을 유지하기 위해 오크 숙성도 과하지 않게 해야 하며 카베르네 소비뇽 품종의 와인보다 훨씬 짧게 오크 숙성을 시킨다.

주요 재배지 : 프랑스 부르고뉴 지역과 샹파뉴 지역, 미국의 캘리포니아주와 오리건주, 독일, 뉴질랜드, 호주 등

풍미의 특징 : 붉은 베리류 과일인 레드체리, 딸기, 크랜베리, 라스베리,

석류의 느낌이 주를 이룬다. 전체적으로 붉은 과일의 느낌이 주가 되며 완숙도가 뛰어난 포도로 만든 상급품은 블랙체리, 블랙베리 같은 검은 과일의 매끄러운 느낌도 난다. 숙성을 거치면 송로버섯, 부엽토, 산이끼, 헛간, 관목 등 놀랍도록 복합적인 아로마를 풍긴다.

4. 시라(Syrah) 또는 쉬라즈(Shiraz)

프랑스에서는 시라, 호주에서는 쉬라즈로 불리는 이 품종은 고향이 와인 역사의 출발점인 중동 지역이라는 설이 유력할 정도로 재배 역사가 매우 길다. 호주에서는 1830년대에 유럽 이주민들에 의해 최초로 식재된 이후에 지금은 호주 하면 쉬라즈라는 등식이 성립할 정도로 호주를 대표하는 품종으로 성장했다.

이 품종은 무르익어 달콤한 얼굴과 매콤하게 강렬한 얼굴을 함께 가지고 있는데 어떤 얼굴을 더 많이 보여 주느냐에 따라 와인의 스타일이 달라진다. 공통적으로는 짙은 보랏빛이 도는 심홍색에 카베르네 소비뇽만큼은 아니지만 풍부한 탄닌과 튼튼한 골격을 지닌다. 따뜻하고 건조한 지중해성 기후를 선호하며 선선한 지역에서는 완숙에 이르지 못해 빈약한 성과를 보여 준다.

시라와 쉬라즈는 불리는 이름이 다를 뿐 아니라 와인의 스타일도 다르다. 따라서 와인 라벨에 어떻게 표기되었느냐를 보면 와인의 스타일을 어느 정도 읽을 수 있다. 프랑스 론 지역으로 대표되는 시라 버전은 진중하고 클래식하며 장식적인 화려함은 절제되어 있는 수채화와 같은 느낌이라면, 호주로 대표되는 쉬라즈 버전은 완숙한 과일의 즙이 많고 달콤한 느낌이 강조되어 있고 오크의 느낌이 기저에 점잖게 깔려 있다기보다 존재감을 더욱 드러내어 유화와 같은 경향이 있다.

주요 재배지 : 프랑스 론 지역, 미국의 캘리포니아주와 워싱턴주, 호주, 남아공, 칠레 등

풍미의 특징 : 제비꽃과 검은 베리류 과일 향, 훈연 향, 허브, 향신료의 느낌을 전형적 특징으로 한다. 쉬라즈 버전은 자두, 블랙베리, 초콜릿, 바닐라, 매콤한 후추와 오크의 느낌이 충만하다. 시라 버전은 쉬라즈 버전에 비해 투명도가 더 높은 스타일로 산미가 더 높으며, 제비꽃, 절제된 검붉은 과일 느낌, 훈연 향, 기저에 은은하고 점잖게 깔린 오크의 풍미를 특징으로 한다.

5. 산지오베제(Sangiovese)

이탈리아의 토스카나 지역을 떠나서는 좀처럼 그 진면목을 보여 주지 않는 토스카나의 영혼과 같은 포도 품종으로 매우 귀족적이고 고상하다. 적포도 품종으로는 비교적 산미가 높고, 중간 정도의 탄닌을 지닌다. 가볍고 일상적인 와인부터 세계적 수준의 와인까지 만들 수 있다. 토스카나에서 가장 유명한 와인인 키안티, 비노 노빌레 디 몬테풀치아노(Vino Nobile di Montepulciano), 브루넬로 디 몬탈치노(Brunello di Montalcino)가 모두 산지오베제로 만들어진다.

주요 재배지 : 이탈리아의 토스카나

풍미의 특징 : 달콤 쌉쌀한 검은 체리, 라스베리, 제비꽃, 찻잎, 허브, 담배, 먼지 향 등을 주요 특징으로 한다. 와인의 색은 짙고 깊지 않고 어느 정도 투명도가 느껴진다. 키안티 지역에서처럼 산지오베제에 소량의 다른 품종들을 블렌딩하는 것이 법으로 허용되는 경우에는 카베르네 소비뇽이나 메를로처럼 좀 더 강한 풍미를 지닌 품종들을 블렌딩하는 경향이 있다. 이 경우 자두, 블랙커런트, 블랙베리의 느낌이 살짝 묻어나기도 한다. 오크 숙성을 통해 풍미가 유연해지고 복합적으로 변모할 수 있으나 본래 타고난 미묘하고 고상한 기품을 자칫 가리지 않도록 오크 숙성의 강도와 기간을 잘 관리해 주어야 한다. 그래서 이탈리아에서는 예로부터 프랑스 오크통보다 훨씬 큰 대형 오크통을 사용하여 숙성시킨다.

6. 템프라니요(Tempranillo)

이탈리아에서 산지오베제를 포함한 몇 가지 주요 품종들이 하는 중추적 역할 그 이상을 스페인에서 홀로 담당하는 품종이다. 스페인에서 오크 숙성을 하지 않고 금방 마시는 미숙성 영 와인을 의미하는 호벤(Joven)부터 수년간 오크통에서 숙성시킨 스페인의 최상급 와인에 이르기까지 매우 폭넓게 사용되는 '홍반장' 또는 '팔색조' 같은 품종이다. 전체적으로 보면 색, 탄닌, 바디, 산도 등이 모두 중간 정도이고 모자라거나 넘치지 않아서 이같이 다양한 와인을 만들 수 있다.

주요 재배지 : 스페인, 포르투갈

풍미의 특징 : 템프라니요는 검붉은 베리류 과일의 풍미가 유연하고 매우 풍부한데, 특히 그중에서도 딸기 느낌이 가득하다. 또 자두, 담뱃잎, 바닐라, 가죽, 신선한 허브 등의 풍미도 찾아볼 수 있다. 고급스럽고 중후한 와인은 오크 숙성을 거쳐서 만들어지는데 템프라니요로 만든 고급 와인은 풀 바디이며, 딸기 같은 붉은 베리류 과일의 향보다 검은 베리류 과일인 블랙베리와 블루베리 계열의 향이 더 두드러지면서 은은한 바닐라 향이 느껴진다. 담뱃잎과 가죽의 풍미는 오크 숙성을 거친 템프라니요가 병에서 추가로 숙성되면서 점진적으로 발현된다.

중저가 가격대의 템프라니요는 숙성이 덜 되어도 음용하기에 별 무리 없이 상쾌한 식감을 주는데, 고급품과 최상품은 반드시 병입 숙성해야 한다. 좋은 조건에서 잘 숙성된 템프라니요는 복합적인 검붉은 과일 풍미가 바닐라, 가죽, 담뱃잎, 허브, 커피원두 등의 느낌과 절묘한 조화를 이루며 레드 와인인데도 마치 감귤류 과일처럼 신선한 느낌을 준다.

7. 말벡(Malbec)

와인에서 청출어람이 있다면 그건 바로 말벡일 것이다. 원산지인 프랑스에서는 이리저리 치여 다니던 이 품종은 남미, 특히 아르헨티나에서 타고난 역량을 모두 보여 주며 도리어 프랑스를 압도하고 있기 때문이다. 검은 포도(black grape)라고도 불릴 만큼 진하고 분명한 색과 카베르네 소비뇽처럼 풍부한 탄닌을 지니는데, 풍미의 복합성, 연속성, 숙성 능력, 가격 접근성 등 모든 측면에서 두루 높은 점수를 받고 있어 세계 와인계에서 아르헨티나의 부상과 함께 주목해서 봐야 할 품종이다.

주요 재배지 : 아르헨티나의 멘도자, 프랑스의 카오르, 칠레 등

풍미의 특징 : 진한 색깔과 풍부한 탄닌을 지니지만 무겁지 않고 반짝이는 듯한 과실미와 부드러운 탄닌을 자랑한다. 말벡에서는 흑자두의 맛을 쉽게 찾을 수 있으며, 블랙베리, 건포도, 초콜릿과 함께 은은하게 제비꽃의 풍미가 느껴진다. 프랑스 카오르 지역의 말벡은 탄닌이 더 풍부하며, 전체적으로 미디엄 바디 이상의 무게감을 지닌다. 아르헨티나산은 탄닌이 더 부드럽고 즙이 많은 과일의 풍미가 매우 직접적으로 느껴진다.

화이트 와인

1. 샤르도네(Chardonnay)

명실상부하게 세계 화이트 와인계를 평정한 백포도 품종의 슈퍼 스타다. 본래 서늘한 기후를 좋아하지만 환경 적응력이 뛰어나 더운 기후대에서도 잘 자라며, 자라난 지역의 기후와 토양의 특징을 매우 잘 반영한다. 오크통 숙성을 잘 받아들이며, 숙성을 통해 더욱 풍부하고 윤택한 맛으로 변할 수 있다. 다른 품종과 블렌딩되는 경우가 좀처럼 없을 만큼 샤르도네 품종 하나만으로 양조된 와인의 완성도가 뛰어나다고 할 수 있다.

주요 재배지 : 프랑스의 부르고뉴 지역과 샹파뉴 지역, 미국의 캘리포니아

주와 워싱턴주, 호주, 칠레 등

풍미의 특징 : 전반적으로 풍부한 과일의 향기가 강세를 보이는데 사과, 배, 레몬 등의 느낌이 난다. 서늘한 곳에서 재배되면 가볍고 청명하며 상큼한 감귤류 과일의 특징이, 더운 곳에서 재배되면 열대 과일의 특징이 더 두드러진다. 오크통에서 숙성되면 바닐라와 버터스카치 사탕의 향이 나면서 크림처럼 윤택한 질감이 더해져 농밀한 와인으로 변모하므로 오크 숙성이 과하게 되지 않도록 유의해야 한다.

2. 소비뇽 블랑(Sauvignon Blanc)

이니셜처럼 대단히 생기(S)가 넘치고 발랄(B)한 품종으로 특히 첫 향이 경쾌하면서도 특징적이다. 샤르도네 품종이 첫 느낌부터 삼키고 난 후의 여운에 이르기까지 풍미의 연속성이 뛰어난 반면, 소비뇽 블랑은 풍미의 첫인상은 뚜렷한데 중간 이후 풍미의 지속성이 다소 약한 것이 흠이라면 흠이다. 그러한 이유로 좀 더 응축된 풍미가 있는 세미용과 종종 블렌딩되기도 하는데, 이 경우 잘 익은 살구나 복숭아 같은 핵과일의 느낌도 찾을 수 있다.

주요 재배지 : 프랑스의 루아르 지역과 보르도 지역, 뉴질랜드, 미국의 캘리포니아, 호주, 남아공 등

풍미의 특징 : 자른 풀, 피망, 아스파라거스, 말린 고추씨 느낌 등 전원적이고 식물적인 향기가 특징이다. 비교적 산도가 높아 경쾌하고 생기 있는 느낌을 준다. 이러한 느낌이 매력의 주요인이 되므로 보통 어릴(young) 때 음

용하며 일반적으로 오크통 숙성을 별로 시키지 않는다. 재배된 곳의 기후가 따뜻할 경우 열대 과일의 느낌도 느껴진다. 프랑스 루아르산에서는 종종 부싯돌 느낌도 발견할 수 있는데, 이는 미네랄(광물질)이 풍부한 토양에서 재배되었기 때문이다.

3. 리슬링(Riesling)

독일이 원산지인 리슬링은 풍미의 고결함과 순수성이 탁월하여 예로부터 프랑스가 원산지인 샤르도네와 함께 화이트 와인에서 쌍벽을 이루어 왔으나 좀 더 일찍 국제화에 성공을 거둔 샤르도네의 위세에 다소 눌려 있었다. 하지만 '리슬링이 지배한다' 또는 '리슬링 르네상스'라는 말이 널리 회자될 만큼 화려한 컴백을 예고하고 있다.

생장 기간이 긴 만생종으로 추위에 대한 적응력이 뛰어나 독일과 프랑스의 알자스 지역에서 많이 재배되고 있다. 그러나 온난한 기후에도 매우 적응을 잘해 미국의 워싱턴주나 호주에서도 많이 생산된다.

주요 재배지 : 독일과 프랑스의 알자스 지역, 미국의 워싱턴주와 뉴욕주, 호주, 뉴질랜드, 오스트리아 등

풍미의 특징 : 마치 빈의 왈츠처럼 매우 고상하고 기품 있는 품종으로 단맛과 신맛이 완벽하게 균형을 이루고 있다. 산지에 따라 크게 스위트 계열과 드라이 계열로 나뉘는데, 독일은 스위트 스타일의 표준, 프랑스 알자스는

드라이 스타일의 표준을 세우고 있다. 오렌지, 라임 등의 감귤류 계열 풍미가 풍부하고 짜릿한 신맛을 가지고 있는데 숙성이 되면 과일 느낌은 마멀레이드처럼 응축된 느낌으로 바뀐다. 병에서 어느 정도 숙성되면 나타나는 페트롤(Petrol) 향은 마치 입술에 바르는 바세린 향과 흡사하며, 좀 더 숙성되면 꿀의 향도 느껴진다. 또한 리슬링은 오크 숙성을 전혀 하지 않는 것으로 알려져 있다.

4. 게뷔르츠트라미너(Gewürztraminer)

껍질 색부터 핑크빛이 도는 황금색을 지닌 이채로운 품종이다. 독일어로 'gewürz'는 향신료를 뜻하는 만큼 이국적인 과일 향과 향신료 향이 연신 풍겨 나오는지라 게뷔르츠트라미너의 향을 맡노라면 향신료 통과 과일 바구니를 들고 장미 정원에 서 있는 기분이 들 정도다.

주요 재배지 : 독일과 프랑스의 알자스 지역

풍미의 특징 : 농염한 장미, 아카시아, 리치, 망고, 계피 등의 향이 풍부하다. 와인은 드라이하거나 약간 단맛이 느껴지기도 한다. 농염한 향은 일품이지만 장기 숙성 능력은 뛰어나지 않아 보통 영 와인 상태로 마시거나 중기 숙성을 거쳐 마시는 것이 좋다. 향신료가 많이 사용되는 동남아 요리, 중식과 특히 잘 어울리는 품종이다.

5. 피노 그리(Pinot Gris) 또는 피노 그리지오(Pinot Grigio)

주로 황금색을 띠고 때로는 구릿빛이나 핑크 빛 음영을 보이기도 하는 이 와인은 샤르도네를 제외한 나머지 백포도 품종 중에서 가장 바디감이 넘치는 와인을 만들 수 있는 많지 않은 후보군 중 하나다. 프랑스 알자스 버전과 이탈리아의 피노 그리지오 버전으로 양분되며, 같은 품종으로 만드는데도 그 특징은 사뭇 달라 흥미로운 와인이다.

주요 재배지 : 프랑스의 알자스 지역, 미국의 오리건주와 캘리포니아주, 이탈리아 북동부, 뉴질랜드 등

풍미의 특징 : 프랑스 알자스 버전은 색이 깊어 황금빛을 띠며 미디엄급 이상의 바디를 지닌다. 향은 섬세하고 복합적이어서 꽃과 꿀, 훈연, 향신료의 느낌이 나며, 입안에서는 감미로운 느낌을 주고 매끄러운 와인을 만들어 낸다(감미로운 느낌이란 실제로 당도가 높다는 의미가 아니라 드라이하지만 잘 무르익어 달콤한 과실 풍미를 지녔음을 의미한다). 충만함과 복잡 미묘함을 최대치로 표현하기 위해 때로 수확을 정상 시기보다 두세 주 늦춰 만드는 경우도 있는데, 이 경우는 실제로 약간 스위트할 수 있다.

이탈리아 버전의 피노 그리지오는 피노 그리와는 같은 품종이되 좀 더 일찍 수확하여 신선하고 산미를 잘 보존시킨 스타일로 대부분 미디엄 바디를 넘지 않는다.

라벨만으로 와인 구별하기

홍 대리는 어젯밤 집 근처 대형 마트에 들러 와인을 구입하느라 꽤 늦은 시간에 집에 들어왔다. 그런데도 레드 와인이나 화이트 와인 중 한 종류는 맛을 봐야겠다 싶어 와인 오프너를 찾았다. 예전에 지우가 와인과 함께 오프너를 들고 온 기억이 분명히 남아 있어서였다. 하지만 아무리 찾아도 오프너는 끝내 모습을 드러내지 않았다. 마치 원래 주인을 따라가 버린 것만 같아 홍 대리는 어쩐지 씁쓸했다.

어젯밤의 일로 괜히 잠까지 설친 홍 대리는 출근한 뒤에도 그 여운을 완전히 떨쳐내지 못하고 멍하니 컴퓨터만 바라보았다. 그 때였다. 희고 고운 손이 희끗 보이는가 싶더니 작은 박스가 눈에 들어왔다. 석잖게 놀란 홍 대리가 손이 나온 쪽으로 눈길을 돌리자 도나와 눈이 마주쳤다.

"뭐야, 이건?"

홍 대리는 당황해서 물었다.

"선물. 비싼 저녁을 두 번이나 얻어먹은 답례예요."

"아, 얻어먹기는 무슨. 내가 필요해서 함께 먹자고 한 건데."

"그래도. 제 입장에선 입을 싹 닦을 순 없죠."

"내참. 안 그래도 되는데."

"포장지 풀어 봐요. 뭔지 궁금하지 않아요?"

"궁금하긴 한데. 선물을 준 사람 앞에서 포장을 뜯는 게 좀 그렇네."

"그렇긴 뭐가 그래요. 어서요."

홍 대리가 포장지를 풀자 종이 상자가 나왔다. 상자의 크기나 무게로 보아 와인잔 같다는 생각이 들었다. 아니나 다를까, 박스 안에는 볼이 넓은 와인잔 두 개가 들어 있었다.

"정말 딱 필요한 물건이야."

"그럴 것 같더라니. 마음에 들어요?"

"어, 고마워. 그런데 이게 필요할 거라는 건 어떻게 안 거야?"

"저번에 일식집에 갔을 때요. 선배가 들고 온 와인잔은 볼이 좁고 작았잖아요. 마음먹고 구입한 잔이 아니라 와인을 구입할 때 덤으로 얻은, 그러니까 좋은 와인잔 같지가 않았어요. 그래서 선배에게는 레드 와인에 어울리는 볼이 넓은 잔이 필요하겠구나 싶었죠."

"어, 그런 것도 알고 있었어?"

"그럼요. 그 정도야 기본이죠, 뭐."

"기본이라. 사실, 난 와인을 공부하기 전에는 모르고 있었던 일 인데."

"하하하, 기본이라는 말 취소. 사람들마다 관심사가 다른데 기 본이고 아니고가 어디 있겠어요? 더군다나 선배는 와인을 공부하 기 전에는 와인에 관심이 없었으니 당연한 거 아닌가?"

"아주 관심이 없지는 않았다고. 사실……."

"사실, 뭐요?"

"몇 번 마신 적 있었다고."

홍 대리는 자신도 모르게 지우 이야기를 꺼내려 한 것에 깜짝 놀라 대충 얼버무렸다.

"그야 당연한 거고. 이 나이 되도록 와인 한두 잔 안 마셔 본 사 람이 있겠어요?"

"그러게."

홍 대리는 씁쓸하게 웃으며 말했다. 그러고 보니 와인의 세계에 한발 한발 들어서면서 지우 생각을 더 자주 하고 있다는 생각도 들었다. 당분간은 계속 이럴 것 같다는 데 생각이 미치자 홍 대리 는 세수를 하듯 거칠게 얼굴을 비볐다.

"피곤해 보여요."

도나가 걱정스레 말하는 소리를 듣는 순간, 홍 대리의 머릿속에 어떤 생각이 번뜩 스치고 지나갔다.

"도나 씨, 오늘 시간 돼?"

"또 저녁 사주시려고요?"

"아니, 쇼핑 하는 거 도와줘. 쇼핑하기 전에 저녁도 쏘지. 이번엔 소박하게."

"그래요. 뭘 쇼핑할 건데요?"

"와인 액세서리."

홍 대리는 싱긋 웃으며 말했다. 와인과 관련된 추억은 새롭게 만들면 된다. 방 선생과 도나와 함께 하나씩 만들다 보면 언젠가는 지우의 그림자가 들어올 틈 같은 건 없어질 것이다.

"이것도 예쁘네요!"

도나는 붉은빛이 감도는 진공 마개를 집어 들고는 감탄했다. 방금 전에도 와인 오프너가 종류도 다양한 데다 하나같이 멋지게 생겼다며 칭찬 일색이더니 진공 마개를 고르는 동안에도 보이는 것마다 예쁘다는 말을 아끼지 않았다. 그러나 정작 물건을 구입할 당사자인 홍 대리는 무엇을 봐도 별 감흥이 오지 않았다.

"새 물건이니까 그렇지."

어차피 며칠 사용하다 보면 빛이 바랠 물건들이라며 도나가 듣기에는 맥 빠질 말만 뱉어 냈다.

"그렇더라도 지금 예쁜 건 예쁘다고 해도 괜찮잖아요. 사람이 어쩜 이렇게 무심하냐? 난 액세서리 때문에라도 와인 공부하고 싶어지는걸요. 어머, 그런데 이건 뭐지?"

도나가 시선을 준 곳에는 삼각형 모양의 철제 물건이 있었다. 아래에 구멍이 셋, 중앙에 둘, 제일 위쪽에는 하나가 뚫려 있는 그 물건은 구멍 하나에 와인 하나를 넣을 수 있을 만한 크기였다.

"와인랙입니다."

옆에서 지켜보던 직원이 말했다.

"와인랙이요?"

"와인을 보관하는 선반이죠."

"아, 그럼 저것도 와인랙이에요?"

도나는 목재로 만든 선반을 가리키며 물었다. 그것 역시 와인 여섯 병을 눕힐 수 있게 디자인되어 있었는데 얼핏 보기에도 꽤 고급스러워 보였다.

"네. 집에서 와인을 보관할 때 간편하게 쓰기 좋은 제품들입니다."

"와인을 눕히도록 디자인되어 있네요. 그러고 보니, 레스토랑이나 와인바 같은 데 가면 와인을 눕혀서 보관하긴 하더라. 왜 그런 거예요?"

사실 홍 대리도 궁금하던 차라 직원이 설명해 주기를 기다렸다.

"대부분의 와인병엔 코르크 마개를 사용합니다. 그런데 코르크 마개는 건조해지면 수축하여 그 틈으로 공기가 들어가죠. 그렇게 되면 와인이 산화되어 신맛이 나기 때문에 병을 눕혀 와인으로 코르크 마개를 적시게 하는 겁니다."

"아, 그렇구나. 선배, 어제 와인을 열 병이나 구입했다면서요? 그걸 보관하려면 이게 두 개는 필요하겠네. 얼른 구입해 버려요."

옆에서 도나의 말을 듣던 직원도 와인을 세워 두면 변질될 수 있으니 구입하는 게 좋을 거라고 부추겼다.

"가격도 만만하고, 유용하게 쓰일 것 같기는 한데……."

"그런데요?"

"도나 씨가 마음에 들어 하는 물건을 떠밀려 사는 느낌이 들어서."

홍 대리가 장난스럽게 말하자 도나는 깔깔 웃으며 자신의 안목을 믿는 게 좋을 거라고 대답했다.

"확실히 목재로 만든 것보다 모던한 분위기를 풍기기는 해. 우리 집에도 어울릴 것 같고. 저걸로 두 개 주세요."

백화점을 나설 때 홍 대리의 손에는 쇼핑백 두 개가 들려 있었다. 도나는 쇼핑백을 쳐다보며 쾌활하게 말했다.

"오늘 밥값 확실히 했죠? 오프너와 진공 마개도 다 예쁜 걸로 골랐잖아."

"예쁘기만 하면 뭐해? 성능이 좋아야지."

"안 봐도 비디오지. 다 좋은 거예요."

"그걸 어떻게 알아?"

"내가 골랐으니까. 어쨌든 든든하죠?"

"그래, 든든하다. 공부 못하는 학생이 참고서만 잔뜩 구입한 느낌이랄까."

"완전 무장한 군인 같은 느낌이 아니고? 정말 이참에 선배랑 같이 와인 공부나 해볼까봐."

"같이 하자. 방 선생님에게도 인사드리고."

"그건 좀 그래요. 어차피 선배가 과제 받아 오잖아요."

"그건 그렇지만, 궁금한 게 있으면 여쭤 보기도 하고 좋잖아."

"어? 아직 한다고 말한 것도 아닌데."

"뭘 그렇게 재냐? 떡 본 김에 제사 지낸다고 같이 하자니까."

홍 대리가 적극적으로 권하자 도나도 마음이 동하는지 잠시만 생각 좀 해보자고 하더니 몇 분 지나지 않아 고개를 끄덕였다.

"하하하, 동지 생겼다!"

"동지는 무슨. 아! 선배. 사내 동호회 만들어 보지그래요?"

"뭐?"

"와인에 관심 있는 사람들이 꽤 많을걸요. 게다가 레드 와인 다섯 병이든 화이트 와인 다섯 병이든 그날 하루에 다 마시진 못할 거 아니에요? 한번 딴 와인은 공기가 들어가 산화되기 쉽다고 하던데."

"그래서 진공 마개를 구입한 거잖아. 도나 씨 말마따나 여러 종의 와인을 맛보려면 남을 수도 있으니까. 게다가 시간을 더 두고 와인을 관찰할 때 유용하게 쓸 수도 있지. 진공 마개로 닫아 냉장고에 넣어 두면 보통 일주일 정도는 가.

와인은 일단 개봉하면 산소와 접촉할 수밖에 없지만 산소와 접한다고 와인의 풍미가 무조건 나빠지는 건 아니야. 오히려 몇 시간 정도 산소를 쐬면 와인의 풍미가 훨씬 잘 살아나지. 남은 와인을 바로 막아 냉장고에 넣어 두고 다음 날 마시면 전날보다 더 맛있어지는 경우도 많아. 하지만 이틀 정도 지나면 와인의 신선한 과일 느낌이 많이 누그러지고 신맛은 더 강해지니까, 오래 보관해야 할 경우라면 진공 마개는 필수지. 그래서 진공 마개를 구입하는 거니까 굳이 다른 사람들과 어울려 그날 다 마셔야 한다는 생각을 가질 필요는 없어."

"그래도 이왕이면 관심 있는 사람들이랑 함께 마시는 게 재미도 있고 효율적일 것 같은데……."

"하긴. 하지만……."

"하지만?"

"아직은 시기상조라는 생각이 들어. 동호회를 만들려면 와인에 대한 지식을 어느 정도 갖추고 있어야 하잖아. 지금은 초보자에 불과해 다른 사람들에게 도움을 줄 수도 없잖아."

"뭐, 선배가 원하는 대로. 그런데 그거 알아요? 무엇이든, 그것에 관해 완전히 안다고 할 수 있는 때라는 건 없어요. 더 많은 것을 알기 위해 노력하는 과정이 있을 뿐이죠. 그 과정을 함께할 수 있는 사람들을 찾는 건 즐거운 일일 수도 있잖아요. 지금의 나처럼. 선배 표현대로라면 동지가 되는 거겠죠?"

"지금은 도나 씨만으로도 충분히 든든해."

"정말 이러다 눈 맞는 거 아니야?"

"뭐?"

"그렇잖아요. 한 사람은 밥 사주고, 다른 사람은 선물 주고. 그러다 또 같이 공부하고."

홍 대리는 솔직하다 못해 몹시 천연덕스럽기까지 한 도나의 말에 당황해서는 우뚝 멈춰 섰다.

"놀라긴. 와인은 언제 어디서 마셔요? 이번엔 화이트 와인부터 마셔요. 어쩐지 난 달달한 느낌이 감도는 화이트 와인이 좋더라."

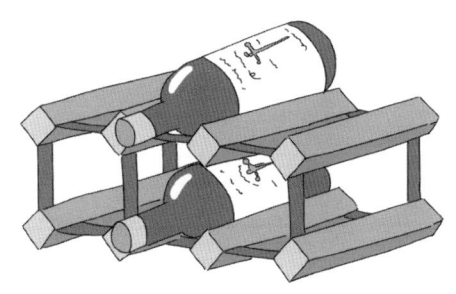

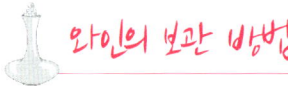 

와인의 보관 방법

와인은 온도, 습도, 빛, 진동 등의 보관 조건에 민감하게 반응한다. 가장 좋은 방법은 다음의 조건들을 모두 충족하는 와인 전용 냉장고(와인 셀러)를 구입하는 것이지만, 여의치 못하다면 가장 근접한 조건을 찾아서 보관해야 한다.

온도

종류와 상관없이 모든 와인의 적정 보관 온도는 13~18℃다. 실제로는 8~20℃ 정도로 보관해도 아무 문제가 없다. 와인은 보관 온도가 높으면 빨리 숙성되고, 낮으면 더디게 숙성된다. 중요한 것은 온도의 변화가 없이 항온 상태를 유지하는 것이다.

습도

와인이 좋아하는 습도는 약 70퍼센트로 우리나라 장마철의 대기 습도와 비슷하다. 이 정도 습도에서 코르크는 마르지 않고 탄성을 잘 유지한다.

빛과 진동

빛과 진동에 장기간 지속적으로 노출되면 정상적인 숙성이 일어나지 않고 풍미 또한 나쁜 영향을 받으니 빛과 진동이 없는 곳에 보관해야 한다.

병을 눕혀서 보관한다

병을 눕혀 코르크가 와인에 닿아 젖어 있도록 해야 한다. 세워 보관하면 코르크가 말라 수축되면서 이격이 발생하고 그 틈으로 산소가 침투해 산화가 일어나기 쉽다. 스크류캡으로 마감된 와인은 일부러 눕혀 보관할 필요가 없다.

집에 와인 셀러가 없다면?

지하실이 있다면 고민할 필요 없이 지하실에 보관하면 된다. 화장실이 둘인 집이라면 과감하게 한 곳을 사용하지 않고 와인 보관실로 사용하면 좋다. 집에서 가장 피해야 할 곳은 부엌에 있는 찬장인데 요리를 위해 수시로 화기를 사용하기 때문이다. 또 일교차가 크고 햇빛이 많이 드는 베란다 역시 피하는 것이 좋고, 장식장에 보기 좋게 세워서 보관하는 것도 절대 피해야 한다.

집에 김치냉장고가 있다면 냄새가 밸 우려가 있지만 와인을 보관하기에는 좋은 조건이므로 한 달 정도라면 김치냉장고에 보관하는 것도 좋다. 짧게는 며칠에서 한 달 이내라면 일반 냉장고에 보관해도 상관없다.

마시고 남은 와인의 보관

가장 좋은 방법은 남기지 않고 모두 마시는 것이다. 처음부터 와인을 남길 생각이라면 와인을 마실 만큼만 잔에 따르고 바로 다시 막아서 냉장고에 보관하는 것이 좋다. 이렇게 하면 2~3일 정도는 마실 만한 상태로 보관할 수 있다. 와인 전문점에서 살 수 있는 진공 펌프와 마개를 사용해 병 안의 공기를 빼고 막아 두면 7~10일 정도 보관할 수 있다.

가장 좋은 와인의 음용 온도 `Tip`

풍미의 요소와 음용 온도의 관계

구분	신맛	단맛	알콜	탄닌	향
음용온도가 높으면	덜 느껴짐	덜 느껴짐	잘 느껴짐	부드럽게 느껴짐	풍부하게 발현됨
음용온도가 낮으면	잘 느껴짐	잘 느껴짐	덜 느껴짐	날카롭게 느껴짐	빈약하게 발현됨

와인의 유형별 적정 음용 온도

• 풍미가 단순하고 가벼운 화이트 와인 : 8~10℃

　예) 소비뇽 블랑, 리슬링, 모스카토, 소아베

- **풍미가 복합적이고 풍부한 화이트 와인 : 10~12℃**

  예) 부르고뉴 화이트, 뉴월드 상급 화이트

- **스위트 로제 와인 : 8~10℃**

  예) 화이트 진판델, 로제 당주

- **드라이 로제 와인 : 10~12℃**

  예) 론 지역 로제, 스페인 로제

- **풍미가 단순하고 탄닌이 강하지 않은 레드 와인 : 13~15℃**

  예) 보졸레, 루아르 레드, 키안티

- **풍미가 복합적이고 탄닌이 강하지 않은 레드 와인 : 15~17℃**

  예) 부르고뉴 레드, 키안티 클라시코

- **풍미가 복합적이고 탄닌이 강한 레드 와인 : 17~19℃**

  예) 상급 보르도, 론, 나파 밸리, 브루넬로 디 몬탈치노

- **샴페인 및 스파클링 와인 : 7~9℃**

- **디저트 와인 : 6~8℃**

기본 원리

화이트 와인은 온도가 낮아야 신맛이 제 모습을 보여서 청량감을 잘 느낄 수 있지만 너무 차면 향의 발현이 빈약해 제대로 된 풍

미를 느낄 수 없다. 반대로 온도가 높으면 신맛이 주는 입체감이 떨어진다. 하지만 풍미가 풍부하고 복합적인 화이트 와인은 가볍고 단순한 화이트 와인에 비해 조금 높은 온도로 마셔야 제 느낌을 받을 수 있다.

레드 와인은 온도가 낮으면 탄닌이 날카롭게 느껴지고 탄닌과 조화를 이룰 수 있는 과일을 비롯한 다른 풍미들의 발현이 부족해 전체적으로 톡 쏘는 듯 뻑뻑한 느낌을 받게 된다. 온도가 높으면 알코올의 기화가 촉진되어 와인에서 덥고 후끈한 느낌이 나며 과일 풍미에서 신선함을 느끼기 어렵다. 탄닌의 양이 적고 풍미가 심플한 레드 와인은 화이트 와인 온도보다는 높되 약간 찬 느낌이 나는 온도에서 마시면 신선함을 잘 느낄 수 있다.

로제 와인은 레드 와인의 속성이 약간 있지만 화이트 와인에 좀 더 가깝다. 스위트 로제는 풍미가 단순하고 가벼운 화이트 와인과 같은 온도에서, 드라이 로제는 풍미가 복합적이고 풍부한 화이트 와인과 같은 온도에서 마시는 것이 좋다.

달콤한 풍미의 디저트 와인은 낮은 온도에서 음용해야 신맛과 단맛이 균형을 잘 이룬다. 오래 숙성된 디저트 와인이라면 보통의 디저트 와인보다 2℃ 정도 높은 온도에서 음용할 때 더 복합적인 맛을 느낄 수 있다.

이상은 일반적 원리로서 와인의 세부 유형과 숙성 정도를 변수로 해 달라질 수 있다. 그리고 사람마다 이상적이라고 생각하는 음용 온도는 조금씩 다를 수 있다. 중요한 것은 온도의 차이에 따라 같은 와인의 풍미가 어떻게 달라지는지를 직접 느껴 보는 것이다.

'와인은 물속에 숨어 있는 불이다. - 폴 클로델'

홍 대리는 진공 마개 포장지에 씌어 있는 문구를 가만히 들여다보며 폴 클로델이라는 사람이 어째서 이런 말을 했을까, 잠시 고민했다. 레드 와인에 감도는 붉은빛, 혹은, 태양 아래에서 탐스럽게 열린 포도송이, 그것도 아니면 와인을 마셨을 때의 높은 만족도 때문일지도 모르겠다는 생각이 들었다. 어쩌면 그 모든 이유 때문일 수도 있을 것이다. 그 이유가 무엇이든, 그냥 버려질 수도 있었던 포장지의 문구가 홍 대리의 관심을 적잖게 끌었다.

'불이라……'

내일 도나와 함께 와인을 마시기로 했지만 지금 당장 폴 클로델이 말한 '숨어 있는 불'을 느끼고 싶었다. 게다가 선물받은 와인잔을 쓰고 싶기도 했고 와인 오프너가 잘 드는지 시험 삼아 코르크 마개를 따보고 싶기도 했다.

'레드 와인만 마셔 보자.'

홍 대리는 화이트 와인을 와인랙에 정리해 둔 뒤 레드 와인만

테이블 위에 쪼르르 세웠다. 형광등 불빛 아래 기품 있게 서 있는 와인병 중에서 라벨에 다섯 개의 화살이 그려진 병을 먼저 골랐다. 병 뒷면의 한글로 된 라벨을 보니 제품명이 라피트 레정드 메독이었다. 라벨에는 생산자명과 원산지뿐 아니라 포도 수확 연도까지 기입되어 있다는 걸 알고는 있었다. 그러나 막상 읽으려고 보니 만만하게 눈에 들어오는 것은 고작 수확 연도뿐이었다.

홍 대리는 바로 방 선생에게 전화를 걸어 라벨을 읽는 방법을 가르쳐 달라고 했다. 방 선생은 수화기 저편에서 뭐가 우스운지 껄껄 웃더니 지금 시간이 어떻게 되는지 아냐고 물었다. 그제야 아차 싶어 시계를 보니 밤 11시가 조금 넘어 있었다.

"아! 죄송합니다, 선생님."

"괜찮네. 아직 잠자리에 들 시간은 아니니까. 그래도 다음부터는 주의하는 게 좋겠어."

"네."

"지금 와인병을 들고 있나?"

"네."

"무슨 와인이지?"

"라피트 레정드 메독입니다."

"구세계 와인이지."

"구세계요?"

"구세계 와인과 신세계 와인이 있네. 구세계 와인은 오래 전부터 와인을 생산해 온 지역에서 만든 것을 말한다네. 이를테면 프랑스, 이탈리아, 스페인 같은 유럽 와인이지. 유럽에서 만든 와인을 통틀어 구세계 와인이라 한다네. 신세계 와인은 새롭게 와인을 만들기 시작한 지역의 와인을 말하는 것이지. 미국이나 칠레, 호주, 남아공 등에서 만든 와인이 신세계 와인으로 분류되지. 신세계 와인은 비록 유럽 이주민들에 의해 전파되긴 했지만 오늘날에는 구세계 와인과 겨뤄 절대 품질이 떨어지지 않아.

아, 이 이야기는 나중에 더 하기로 하고, 일단 와인 라벨 보는 법부터 말하겠네. 구세계 와인과 신세계 와인은 라벨을 보는 법에서도 약간씩 차이가 난다네. 구세계 와인을 가지고 있으니 구세계 와인의 라벨을 보는 법부터 배워야겠지. 제일 큰 글씨로 어떤 것들이 씌어 있나?"

"네, 레정드라고 씌어 있습니다."

"그건 제품명이고, 또 무엇이 보이는가?"

"바롱 드 로칠드"

"그건 와이너리라네. 생산자명으로, 포도주를 만드는 양조장 즉 회사를 뜻하기도 하지."

"아, 그렇군요."

"그 밑에는 메독이라고 씌어 있지? 그건 원산지명이라네. 자네 혹시 보르도라고 들어 봤나?"

"얼핏 들어 본 것 같습니다만, 정확하게는 모르겠습니다."

"그랬을 것이네. 보르도는 프랑스는 물론 세계에서 가장 유명한 와인 산지의 이름이다 보니 와인을 잘 모르는 사람도 이름 정도는 들어 본 적이 있을 거야. 보르도는 크게는 그 지역을 관통하여 흐르는 강을 중심으로 좌우로 나뉜다네. 그중 좌측에 있는 게 메독인데, 그 지역에서 생산된 와인 중에는 세계적으로 유명한 특급 와인이 많지.

메독은 전체적으로는 자갈이 많은 토양이라 주로 레드 와인을 생산하지. 최소 두 가지 많게는 다섯 가지까지의 포도 품종을 블렌딩해서 만든다네. 또한, 그곳의 기후 조건은 해마다 제법 다른 편이라 매년 농사가 잘되거나 조금 덜 잘되는 포도 품종을 따로 구분하고 있지. 그래서 매년 포도 품종의 배합 비율을 달리 한다네."

"그래서 같은 원산지에서 동일 품종으로 재배된 것이라도 재배 연도에 따라 향과 맛의 차이가 난다고 하신 거군요."

"그렇지. 바로 그 때문에 빈티지를 알아 둘 필요가 있는 거지. 라벨을 보면 연도는 바로 파악이 되지? 아, 노파심에서 하는 말이지만 그 연도는 와인의 병입 연도가 아니라 포도의 수확 연도라네."

"예, 그렇게 생각하고 있었습니다."

"원산지명 아래에 있는 작은 글씨들은 와인의 등급을 표기한 것일세. 이 와인의 경우는, 아펠라시옹 메독 콩트롤레(Appellation

Medoc Controlee)라고 되어 있을 걸세. 그것은 AOC 등급임을 뜻하지. AOC에서 A는 아펠라시옹(Appellation)이고 '와인 산지'를 말하네. O는 오리진(Origin)이야. 그래서 A와 O를 합하면 오리진이 있는 와인 산지, 즉 '원산지'가 되는 것일세. C는 콩트롤레(Controlee), 영어의 컨트롤과 같은 말로 보면 되네. 즉 다 합쳐서 AOC는 '통제된 원산지'라는 개념이라네.

이것은 해당 원산지의 순수성과 특징을 강조하기 위해 해야 할 일들과 해서는 안 될 일들을 미리 정해 두고 이를 이행해야만 받을 수 있는 등급이라네. 일례로 원산지마다 가장 적합한 품종을 정해 두어 그 품종을 사용하게 하는 거지.

AOC는 프랑스 등급에서는 가장 상위 등급이야. 실제 라벨에서는 아펠라시옹과 콩트롤레 사이에 실제 원산지의 이름이 표기된다네."

"아, 잠깐만요. 제가 지난번에 샀던 샤토 브란 캉트낙은 가장 좋다는 특급 와인이고 이를 그랑 크뤼라고 부르더라고요. 그렇다면 그랑 크뤼는 AOC보다 더 높아야 하는 게 아닌가요?"

"하하하, 좋은 질문이야. 영리한 제자를 둔 것 같아 기분이 좋은걸.

그랑 크뤼는 규정상으로는 AOC에 속한다네. 그랑 크뤼 말고도 크뤼 부르주아(Cru Bourgeois)라는 것도 있네. 1855년 그랑 크뤼 제정 당시에 소외되었거나 그 이후에 생긴 포도원들을 대상으로 하는데 이 또한 AOC 등급에 속한다네."

"그럼 AOC 아래에는 어떤 등급이 있나요"

"프랑스에서 가장 밑의 등급은 뱅 드 타블(Vin de Table)이라고 하네. 영어로는 테이블 와인이란 뜻이지. 이 등급에는 원산지의 개념이 없어 여러 지역의 포도를 섞어도 된다네. 프랑스에서 만들어지기만 하면 받을 수 있는 등급이지. 또 빈티지가 없는 와인이기도 하지.

그 위 등급으로는 '지역 와인'을 뜻하는 뱅 드 페이(Vin de Pays)가 있어. 뱅 드 페이 등급부터 원산지의 이름이 들어가지. 그래서 원산지의 특성을 보여 주기 위해 지켜야 할 규정들이 있지만, AOC에 비하면 원산지의 순수성을 덜 강조하기 때문에 포도 재배와 와인 양조에 대한 준수 사항이 덜 엄격한 편이지. 따라서 AOC에 비해서는 사용할 수 있는 포도 품종이 많다네.

뱅 드 페이와 AOC 사이에 VDQS라는 것이 있는데, 이미 없어진지 오래라서 따로 설명하진 않겠네.

프랑스의 등급 체계는 이렇고, 사실 이탈리아와 스페인도 핵심은 같다네. 이탈리아에서는 프랑스의 뱅 드 타블에 해당하는 비노 다 타볼라(Vino da Tavola), 뱅 드 페이에 해당하는 IGT가 있고, AOC에 해당하는 것으로 DOC와 DOCG가 있다네.

이탈리아는 1963년에 DOC, 1980년에 DOCG를 제정했다네. 프랑스의 그랑 크뤼보다는 100년 이상, AOC보다는 30년 정도 늦은 셈이지.

이탈리아 와인에서 간혹 병목에 분홍색이나 연두색 띠가 붙어 있는 게 있는데, 바로 이게 DOCG를 받았다는 표시지. DOCG에서 G는 영어의 Guarantee(개런티)에 해당하는 이탈리아어 Garantita(가란티타)라네. 즉, 관련 정부 기관에서 품질과 원산지의 순수성을 개런티 해주는 와인이란 뜻을 가지고 있네.

프랑스와 패션, 음식, 와인, 예술 등 모든 면에서 자웅을 겨룰 뿐만 아니라 지기 싫어하는 이탈리아 사람들의 단면이 보이지 않는가?

스페인의 등급 체계는 이탈리아와 같다네. 가장 밑에서부터 위로 비노 데 메사(Vino de Mesa), 비노 데 라 티에라(Vino de la Tierra), DO, DOC(또는 DOCa)로 되어 있네.

등급에 대해 이야기한 김에, 등급 체계를 관통하는 사상에 대해 말해주지. 아, 사상이라고 해서 거창하게 생각할 필요는 없네. 생각보다 간단한 개념이니까.

원산지의 순수성이 강조될수록, 또는 작은 지역으로 좁혀 들어갈수록 생산량은 줄고, 등급은 고급이 되고, 와인 품질과 가격도 올라간다고 보면 되네. 수박의 명품인 고창 수박이 좋은 예가 될 거야. 고창 수박을 한국 수박, 전라도 수박이라고 부르면 고창 수박이 지닌 가치가 드러나겠나? 가장 작은 지역인 고창을 고집하는 것은 고창이라는 원산지가 갖는 순수성과 우수성 때문이지. 고창이라는 이름을 상품에 계속 쓰기 위해선 필요한 노력과 정성을 다할 수밖에 없을 거야. 당연히 그 지역에서 나는 수박은 특별할 수밖에 없고 그에 걸맞게 최고 등급을 받는 거지."

"아, 그렇군요. 고창 수박을 떠올리니 좀 더 쉽게 이해가 됩니다. 그런데 품종은 라벨에 표시하지 않나요?"

"AOC 등급 와인의 경우, 몇 가지 예외 사항을 빼고는 포도 품종을 라벨에 쓰지는 않는다네. 우선 AOC가 품종보다는 원산지의 순수성과 특성을 강조하는 개념이기 때문이야. 또 보르도의 경우 여러 품종들이 블렌딩되고 그것들이 매년 바뀌니까 굳이 쓸 필요가 없는 거겠지. 쉽게 말해, 프랑스 더 나아가 유럽의 와인 생산자들은 원산지 중심의 사고를 많이 가지고 있지. 반면, 신세계 생산자들은 포도 품종을 라벨에 강조하네. 소비자들이 쉽게 고를 수 있도록 신경을 쓰는 거지."

"그럼 제일 아래에 있는 'Mis en……'이라는 작은 글씨는 무엇을 표기한 건가요?"

"그것은 병입자라네."

"그래요? 병입자와 생산자는 같은 사람이 아닌가요?"

"지금이야 거의 그렇지. 하지만 옛날에는 포도 농사를 지어서 포도를 팔거나, 또는 양조한 와인을 병입하기 전에 다른 회사에 파는 일이 많았어. 농사와 양조/병입이 지금보다는 분리되어 있었던 것이지. 그렇다 보니 와인을 병입하여 최종 상품화해서 파는 사람이 중간에 장난을 치는 일이 종종 벌어지기도 했지. 그래서 지금은 양조를 한 사람이 직접 병입까지 다 한다네. 그리고 그것을 라벨에 적는 것이지."

"라벨만 보고도 좋은 와인을 구분할 수 있겠군요."

"어느 정도는."

"어느 정도요?"

"와인은 생산지의 기후나 토양 조건에 따라 향과 맛의 차이가 나지. 그러니 당연히 와인의 생산지에 대한 상식이나 포도를 수확한 해의 날씨까지 알고 있어야 정말 좋은 맛을 내는 와인인지 아닌지를 구분할 수 있겠지."

"아, 그래서 다들 와인을 배우는 게 어렵다고 하는 거였군요."

"바꿔 말하면, 와인을 배우다 보면 그 나라의 역사나 문화까지 알아 가는 재미가 있다는 거겠지. 이 정도면 라벨에 대한 설명은 거의 다 한 것 같은데……. 이젠 전화를 끊어도 되겠나? 아까도 말했다시피 늦은 밤이라서 말이야."

방 선생이 장난스럽게 물었다.

"아 네, 그럼요. 선생님, 고맙습니다. 밤늦은 시간에 정말 실례가 많았습니다. 덕분에 다른 와인들의 라벨도 살펴볼 수 있겠네요."

홍 대리는 방 선생이 바로 앞에 앉아 있기라도 한 양 꾸벅 허리까지 숙여 인사를 했다.

"궁금한 게 있으면 언제든 물어보게. 단, 밤 10시 이전에."

"예!"

전화를 끊은 뒤 홍 대리는 다른 와인의 라벨도 하나하나 살펴보았다. 레드 와인 다섯 병이 모두 원산지가 달랐다. 포도 품종별로 원산지가 다른 것은 결국 그 원산지에서 그 포도 품종이 잘 재배되어 더 좋은 와인이 나올 수 있다는 뜻이었다.

홍 대리는 인터넷에 접속해 생산자와 원산지에 대한 정보를 찾아보았다.

이런저런 정보를 찾다 보니 어느새 새벽 1시가 가까워졌다. 그런데도 직접 맛을 보고 싶다는 유혹을 뿌리칠 수가 없었다. 라피트 레정드 메독 2009의 코르크 마개를 열고 와인잔에 따랐다. 투명한 유리 속에서 형광등 불빛을 받아 붉게 빛나는 와인은 검붉은 과일의 깊은 향과 가볍게 불에 그슬린 것 같은 나무 향을 내고 있었다.

'숨어 있는 불…….'

블랙베리처럼 검고 매끄러운 열매가 주는 떫은 가운데 느껴지는 고소한 맛을 입안 가득 굴리며 홍 대리는 폴 클로델의 말을 떠올렸다.

와인의 철학, 와인의 미학

　프랑스에서 기술제휴 관련 서류를 보내왔다는 소식을 전해 들은 건 오후 5시가 조금 지날 무렵이었다. 상한 와인을 대접한 실수를 저지르긴 했어도 그 때문에 구두 계약까지 한 계약이 파기되는 일은 없을 거라 여겼다. 그래도 홍 대리는 내내 마음 한구석이 불안했는데 이제야 가슴을 쓸어내리며 안도의 한숨을 내쉬었다.

　"다행이죠?"

　도나가 옆에서 소곤거렸다.

　"당연한 결관데, 뭐."

　"그래도 좀 힘들었죠?"

　"어휴, 그래. 아예 자리를 깔아라, 깔아."

　둘이 작은 목소리로 주고받았는데도 맞은편에 앉아 있던 동료의 귀에까지 들어갔는지, 그는 구매팀 사람들이 다 들을 수 있을 만큼 큰 목소리로, "홍 대리님이 기사회생한 날이니 회식합시다!" 라고 외쳤다.

"쪽팔리게 왜 그러냐?"

"쪽은 이미 예전에 팔았지 말입니다."

동료의 말에 주위에 있던 사람들이 킥킥거리며 웃었다.

"그렇지 않아도 팀 회식 한번 해야지 하고 있었지. 쇠뿔도 단김에 빼라고 오늘 어때?"

여기저기에서 팀장의 말에 동의하는 목소리를 내자 도나가 작은 목소리로 중얼거렸다.

"오늘도 와인은 물 건너갔네."

"내일 마시자."

홍 대리는 도나의 옆구리를 가볍게 치며 소곤거렸다.

"요즘 둘이 수상해. 점심도 매일 같이 먹고, 비밀 이야기도 많은 것 같고."

팀장의 말에 여기저기서 맞장구를 치는 말들이 쏟아졌다. 아무래도 프랑스 회사와 기술제휴가 성사된 데 마음을 놓은 건 홍 대리만이 아니었던 모양이다. 다른 직원들도 여느 때보다 들떠 있었다. 그런 분위기는 회식 자리에서도 내내 이어졌다. 홍 대리와 도나를 세트로 놀려 먹기도 하고, 사내에 떠도는 사소한 소문들을 안주 삼아 질근질근 씹어 먹기도 했다. 홍 대리도 왁자지껄한 분위기에 동화되어 평소보다 더 말을 많이 하고 웃고 있었지만, 내심으로는 '이번에야말로 실수 없이 좋은 와인을 대접할 수 있는데'라는 생각을 하며 팀장에게 이야기를 꺼낼 기회만 노리고 있었다. 분위기가 어느 정도 무르익은 데다 팀장도 한결 편안하게 술자리를 즐기고 있는 것을 본 홍 대리는 팀장 옆으로 자리를 옮겼다.

"팀장님, 프랑스 기술팀이 언제 온다고 했죠?"

홍 대리의 질문에 팀장은 조금 황당하다는 표정을 짓고는 퉁명스레 대답했다.

"이번에도 대접해 보시게?"

"저번 실수는 만회해야죠."

"그냥 가만히 있는 게 만회하는 거야. 어떤 바보가 또 홍 대리에게 와인 대접을 맡기겠어?"

객관적으로 보자면 팀장의 말은 틀리지 않았다. 그런데도 몹시 단호하고 솔직한 그 말투가 날카로운 칼날처럼 홍 대리의 가슴을 쑤셔 댔다.

"팀장님이 잘 좀 말씀해 주시면 안 되겠습니까? 이번엔 틀림없이……."

"그 이야긴 그만하지."

홍 대리는 술기운이 올라서인지 무안해서인지 알 수 없을 정도로 벌겋게 달아오른 얼굴을 하고서는 앞에 놓인 소주잔을 단숨에 들이켰다.

목요일까지는 사흘이나 남았지만 홍 대리는 방 선생을 빨리 만나고 싶다는 생각에 무작정 그의 사무실 근처에 있는 와인바에 가서 전화를 걸었다. 방 선생은 별로 놀라지도 않고 한 시간쯤 후에나 도착할 수 있다고 답했다.

홍 대리는 기다리는 동안 사두고 아직 따지 않았던 화이트 와인 하나를 와인 리스트에서 찾아 시켜 마셨다. 천천히 음미하기보다는 거의 단숨에 입안으로 들이붓는 바람에 채 20분도 지나지 않아 어느새 네 잔이나 비웠다. 또다시 잔을 채우려다 말고 그는 잠시 멈칫했다. 자신을 제어하지 않으면 방 선생이 오기 전까지 와인을 계속 마실 것만 같았다.

홍 대리는 필기구를 꺼냈다. 차라리 지금 마신 와인의 느낌을 기록해 두는 편이 나을 것 같아서였다. 그런데 방금 전에 마신 와인의 맛이 어땠는지 기억이 나지 않았다. 머릿속엔 온통 한 가지 생각밖에 들어 있지 않은 데다 와인을 소주 마시듯 그냥 벌컥벌컥 마셔 버린 탓이었다.

"젠장."

홍 대리는 투덜거리며 다시 잔을 채웠다. 이번에는 정말 천천히 향과 맛을 음미하려 했지만 속이 답답해 또 벌컥벌컥 마셔 버렸다. 그때였다. 누군가 옆에 앉더니 굵직한 목소리로 말했다.

"와인을 원샷으로 마시는 건 좋지 않은 버릇이야."

깜짝 놀란 홍 대리가 고개를 돌린 곳에는 방 선생이 앉아 있었다.

"어, 선생님. 일찍 오셨네요."

"일을 좀 일찍 마무리 지었지. 그런데, 와인을 왜 그렇게 마시나? 와인은 오감을 이용해 마시는 술이야. 와인을 따를 때의 맑고 경쾌한 소리를 듣는 청각, 향을 느끼는 후각, 맛을 느끼는 미각, 빛깔을 감상하는 시각뿐 아니라 입안에서 와인의 질감을 느끼는 촉각까지 다 사용하지. 그런 감각을 골고루 사용하고 느끼기 위해선 천천히 음미할 필요가 있어. 몇 번이나 이 말을 했던 것 같은데 어째서 그렇게 마시는 건가?"

"속이 타서요."

"허참, 속이 타?"

"네, 선생님. 저 좀 도와주세요."

홍 대리는 프랑스 기술팀이 다시 한국을 방문하게 되었으니 그들을 대접할 와인을 추천해 달라고 빠르게 말했다. 홍 대리의 말이 끝난 뒤에도 방 선생은 5분쯤 아무 말도 하지 않았다. 답답해진 홍 대리는 이번에는 실수하면 안 된다고 아예 사정조로 말했다.

"자네가 이번 일을 맡았나?"

방 선생이 의심스러운 어조로 물었다.

"그런 건 아니지만……."

"내 생각엔 자네가 그 일을 맡을 수는 없을 것 같은데."

"그걸 어떻게 아십니까?"

"자네가 말하지 않았나. 와인을 모르면서도 아는 척해 회사의 이미지를 실추시켰다고. 당연히 사람들은 자네를 두고 와인을 잘 알고 있는 사람이라고는 생각하지 않겠지. 회사 쪽에서 같은 실수를 반복할 것 같지는 않은데."

"그렇지만, 지금은……."

"지금은 잘 아나?"

방 선생은 칼날처럼 날카롭게 되물었다. 생각보다 훨씬 더 차가운 방 선생의 반응에 홍 대리는 고개만 저었다.

"이번 과제는 수행했나?"

"아, 아직."

홍 대리는 풀 죽은 목소리를 냈다.

"이보게, 홍 대리. 좋은 와인을 소개하고 그 와인의 구입까지 돕는 건 어려운 일이 아니야. 그러나 상대방은 자네가 와인을 잘 아는 사람인지 모르는 사람인지 약간의 대화만으로도 알아차릴 수 있네. 와인을 대접한다는 것이 단지 좋은 와인을 고르는 것만을 의미하는 것은 아니라네. 와인을 주제로 자유롭게 대화를 나눌 수 있는 수준은 되어야 하지 않겠나. 공감대를 이끌어 내고 상대에게 호감을 주려면 지금 자네 실력으로는 가당치가 않네.

기회라는 건 준비된 자에게 오는 걸세. 준비를 하지 않은 상황에서는 기회가 와도 그것은 기회가 될 수 없지. 심지어는 자네가 기회라고 생각하는 이 일이 저번과 마찬가지로 시련이 될 수도 있지 않은가.

흔히 와인을 '기다림의 미학'을 가진 술이라고들 하지. 대화를 나누며 천천히 와인의 향과 빛깔, 맛을 음미해야 하기 때문이야. 그러니 와인을 배운다는 건 기다릴 줄 아는 자세를 배운다는 의미이기도 해.

지금은 준비를 할 때야. 그러다 보면 와인을 즐기는 사람으로 인정받을 수도 있고, 그때가 되면 기회를 엿볼 수도 있겠지. 그러니 너무 조급하게 생각하지 마시게."

홍 대리는 방 선생이 사려 깊고 진지하게 자신을 대하고 있다는 걸 알 수 있었다. 그렇지만 이번 기회에 실수를 만회하고 싶다는 욕심을 여간해서는 버릴 수가 없었다. 그가 도와주기만 하면 잘될 것도 같은데 하는 아쉬움이 침전물처럼 남아 있었다.

"표정을 보니, 아직도 그 마음을 버리지 못한 것 같군. 아닌가?"

잠시 생각할 시간을 주려는 듯 침묵을 지키고 있던 방 선생이 물었다. 홍 대리는 고개를 끄덕이고는 마지막으로 다시 한 번 더 부탁해 볼까 생각했지만 그의 단호한 눈빛과 마주치자 곧 생각을 접어 버렸다. 하지만 방 선생은 이미 홍 대리의 눈을 통해 그가 무엇을 원하는지 간파해 버리고 말았다.

"아무래도 내가 사람을 잘못 본 것 같군. 그렇게 원한다면, 좋은 와인을 추천해 주지. 아니, 내가 수입하는 와인 중 몇 병을 선물로 주지. 그걸로 우리 인연을 마무리 짓도록 하세."

홍 대리는 생각보다 방 선생이 더 크게 화가 났다는 데 놀랐지만 그 이유까지는 알아차리지 못했다. 방 선생은 자리에서 일어나더니 홍 대리를 쳐다보지도 않고 문 쪽으로 걸어갔다. 홍 대리는 그의 뒷모습을 멀뚱히 쳐다보다, 문득 지금 자신이 놓치고 있는 것은 기회가 아니라 사람이라는 것을 깨닫고는 그를 향해 달려갔다.

"선생님, 제가 경솔했습니다. 저는 선생님에게 와인을 배우고 싶은 것이지, 선생님을 와인을 소개해 주는 사람 정도로 생각했던 게 아니었습니다. 그런데, 그렇게 생각하실 수밖에 없는 행동을 해 버렸습니다. 용서하십시오."

홍 대리는 그의 앞을 가로막고는 진심을 다해 말했다. 방 선생은 가볍게 한숨을 쉬고는 그들이 원래 앉아 있었던 자리로 성큼성큼 걸어갔다. 홍 대리도 그의 뒤를 따라가 앉았다.

"자네 입장에서는 내가 지나치게 화를 내고 있는 걸로 보일 수도 있을 걸세."

방 선생은 좀 전보다는 가라앉은 목소리로 말했다.

"아닙니다."

"자네의 와인 선생이 되겠다고 했을 때 와인의 기본 지식만을 가르치겠다고 생각했던 건 아니야. 와인을 제대로 즐길 수 있는 자세와 문화적인 가치까지도 가르쳐 주고 싶었지. 그런데 자네는 뭔가를 배우기도 전에 그것을 과시할 생각만 하고 있으니 어떻게 내가 그냥 지나칠 수 있겠는가."

방 선생의 말이 이어지는 동안 홍 대리는 김 대리를 떠올렸다. 김 대리가 와인을 운운할 때 싫은 느낌이 들었던 건 바로 그 과시욕이 느껴졌기 때문이었는데도 그와 비슷한 행동을 하고 있었던 것이다. 뒤늦게 무엇을 실수했는지 정확하게 파악한 홍 대리는 낯이 뜨거워 견딜 수가 없었다.

"죄송합니다."

홍 대리가 진심으로 좀 전의 일을 후회하고 있다고 여긴 방 선생은 그의 어깨를 몇 번 토닥거려 주었다.

"누구나 가질 수 있는 마음이고, 누구나 할 수 있는 실수지. 세상 어떤 일도 자신의 노력 이상으로 얻어 낼 수 있는 건 없다네. 사람들은 생각보다 영리해서, 상대가 진짜 보석인지 가짜 보석인지를 빠르게 파악해 내지. 진짜 보석이 되기 위해서는 갈고닦는 시간이라는 게 필요하다네. 마치 오크통에서 오랫동안 숙성을 거쳐야 하는 와인처럼. 성급하게 뛰어가는 길은 지름길이 아니라 돌아가는 길이라는 걸 기억하게."

"선생님의 뜻을 깊이 새기겠습니다."

"그런데 말일세."

"네, 선생님."

"사흘 뒤에 또 만나야 하나?"

"아! 참. 바쁘시죠?"

"이번에는 이메일로 보내게. 그럼 세 번째 과제를 답장으로 보내 주지."

"예!"

홍 대리는 힘차게 대답했다. 그는 바로 몇 분 전만 해도 조급하고 애가 닳았다는 게 믿기지 않을 정도로 정신이 맑아지는 기분이었다. 멀리 갈 것도 없이 일단 눈앞에 보이는 일부터 제대로 해야겠다는 생각을 하니 명료하게 앞이 보이는 느낌이었다.

"고맙습니다, 선생님."

새삼스러운 줄 알면서도 홍 대리가 다시 인사를 하자 방 선생은 부처처럼 웃기만 했다.

덜 알려졌지만 특별한 와인들

홍 대리는 방 선생에게 보낼 한글 파일을 다시 읽어 보았다. 가장 일반적인 품종 10가지를 꼼꼼히 비교해 가면서 마셔 보니 어렴풋하게 레드 와인에서는 전체적으로 탄닌이 중요한 역할을 하고, 화이트 와인에서는 산도(신맛)가 중요한 역할을 한다는 얘기가 무슨 말인지 조금 알 것 같았다. 그리고 가장 중요하다는 밸런스에 대해서는 아직 경험이 부족해 무엇이 좋고 나쁜지 논하기 힘들다는 생각을 했다. 그렇지만 시음했던 느낌을 최대한 잘 정리하려고 노력해서 그런지 보고서는 자신이 봐도 꽤 그럴듯하게 쓸 수 있었다.

레드 와인

1. (프랑스 보르도산) 라피트 레정드 메독 2009

라피트 레정드 메독 2006은 지난번 프랑스 사람들을 대접하면서 맛본 적이 있습니다. 붉은 과일 향이 풍부하면서도 코끝을 살짝 스치고 지나가는 듯한 통후추 향을 느낄 수 있었습니다. 한 모금 마셔 보니 입안에서 감도는 느낌이 부드러웠습니다. 와인 초보자들도 어렵지 않게 즐길 수 있는 와인이더군요. 그래서 이 와인의 생산자에 대해 알아보았더니 프랑스의 국가대표급 생산자더군요. 게다가 메독 지역에서 대단히 까다롭게 선택된 포도밭에서 조달된 포도로만 와인을 만든다는 것을 알게 되어 훨씬 더 믿음이 갔습니다.

2. (미국 워싱턴주산) 샤토 생 미셸 컬럼비아 밸리 메를로 2007

검붉은 빛이 강했습니다. 자두, 딸기 같은 과실 향이 풍부하게 느껴지면서 탄닌도 부드럽게 입안에서 감돌더군요. 한마디로 세련되면서도 복합적인 맛과 향을 느낄 수 있는 와인이었습니다. 과연 워싱턴주의 간판 와이너리답게 품질도 매우 우수하더군요. 샤토 생 미셸은 전통적 양조 방식을 고수하면서도 새로운 기술을 수용해 와인의 품질을 높이는 데 많은 노력을 기울이고 있었습니다. 그래서인지 샤토 생 미셸은 우수 와인으로 상을 많이 받기도 했더군요.

3. (호주산) 짐 배리 랏지 힐 쉬라즈 2008

이날 맛을 보았던 레드 와인 중에서 가장 강렬한 풍미를 보여 주었습니다. 짙고 검붉은 색을 띄고 있으며 풍부하고 잘 익은 자두

와 머루의 느낌이 매우 농염했으며, 여기에 마치 고추씨처럼 매콤한 느낌을 주는 향신료의 느낌과 바닐라 향이 났습니다. 벨벳처럼 매끄럽다는 탄닌이 이런 것이 아닐까 하는 생각이 들었고, 알코올 도수가 높아서 입에서 약간 뜨거운 느낌이 들었습니다.

4. (프랑스 부르고뉴산) 부샤 페레 피스 코트 드 뉘 빌라주 2009

가격에 비해 상당히 고급스러운 맛을 내는 와인이더군요. 야생 체리의 향이 은은히 풍기는 가운데 감초의 느낌을 찾을 수 있더군요. 과실적 느낌이 두드러지긴 하지만 탄닌과 잘 어울려 맛의 밸런스가 좋았습니다. 직원의 설명으로는 5년에서 6년 정도 숙성된 후에 마시면 무척 뛰어난 맛의 유희를 즐길 수 있다고 하더군요.

5. (이탈리아 토스카나산) 카스텔로 디 퀘르체토 키안티 클라시코 2009

분위기를 내야 하는 날 마시기에 좋은 와인이라는 느낌을 받았습니다. 일단 은은하게 번져 나오는 듯한 붉은 빛깔이 몹시 로맨틱하고 붉은 과실의 향이 매우 풍부했습니다. 부드러운 탄닌으로 입 안에서 감도는 느낌이 편안하고 촉촉했습니다.

화이트 와인

1. (미국 캘리포니아산) 베린저 파운더스 이스테이트 샤르도네 2010

달콤한 망고와 배, 사과 같은 과실의 맛과 향이 어우러져 상큼하면서도 무르익은 느낌이 함께 났습니다. 그리고 오크에서 적당히 숙성되어 은은히 풍기는 바닐라 향 때문에 부드러운 느낌도 들더군요. 금빛이 감도는 듯한 연한 노란빛이 인상적이었고 잔이 비었을 때 빈 잔의 향을 맡아 보니 흰 꽃 향과 집에서 마시던 보리차와 비슷한 은은한 향이 나서 재미있었습니다.

2. (프랑스 루아르산) 앙리 부르주아 상세르 레 바론 2011

약하게 초록빛이 감도는 빛깔이었습니다. 와인을 잔에 따르자마자 알싸한 느낌의 향이 코끝을 스치더군요. 그래서인지 어딘지 모르게 짜릿한 느낌을 주는 와인이었습니다. 열대 과일의 단맛이 살짝 느껴지는 가운데 자몽처럼 시큼한 맛이 주를 이루고 있었습니다. 여운이 강해 오랫동안 입안을 맴도는 향을 음미할 수 있어 인상적이었습니다.

3. (독일 모젤산) 다인하트 리슬링 2011

싱싱한 레몬이나 라임 같은 신맛과 함께 달지만 과하지 않을 정도의 단맛을 느낄 수 있는 와인이었습니다. 중간 정도 바디에 자극적이지 않으면서도 청량감이 좋아 굳이 음식과 함께 마시지 않아도 되겠더군요. 달콤함에 쉽게 끌리는 와인 초보인 제게는 와인 자체만으로 마시기에도 좋았지만, 미네랄 워터를 마실 때와 비슷한 느낌이 나서 흔히 와인에서 말하는 미네랄 느낌이 어떤 것인지 조금 알 것 같았습니다.

4. (이탈리아 프리울리산) 디 레나르도 피노 그리지오 2011

빛깔이나 향에서 점잖지만 은근히 멋진 풍모를 자랑하는 사람 같은 분위기를 지녔습니다. 짜릿한 신맛이나 알싸한 향을 지니지는 않았지만 구운 아몬드처럼 고소하거나 메주처럼 약간 구수한 느낌이 감돌았습니다. 적당히 시고 적당히 과일 맛이 나 편안하게 마시고 싶을 때 선택하기에 좋아 보였습니다.

5. (프랑스 알자스산) 휘겔 게뷔르츠트라미너 2010

이 와인은 장미꽃과 리치의 향이 강해 저 같은 초보자도 감지할 수 있을 정도였습니다. 코에서는 달콤할 거란 암시를 주는데 입에서는 달지 않은 드라이 와인이었습니다. 와인의 맛이 강하다 보니 음식 본연의 맛을 느끼지 못할 수도 있을 것 같더군요. 특히 회처럼 재료 자체의 맛을 느껴야 하는 음식이라면 이 와인은 되도록 피하는 게 좋겠다는 생각이 들었습니다. 반면 제가 좋아하는 중국 사천요리처럼 매콤한 음식과는 잘 어울리지 않을까 하는 생각이 들었습니다.

총평: 신맛이 많은 화이트 와인이나 그렇지 않고 완만한 화이트 와인이나 대체로 화이트 와인은 레드 와인에 비해 맛있다는 느낌이 많이 들고 초보자로서도 이해하기가 쉬웠습니다. 레드 와인은 떫은맛이, 화이트 와인은 신맛이 중요한 역할을 하는 것 같습니다.

홍 대리는 방 선생에게 이메일을 보냈다는 문자 메시지를 보낸 후에도 그냥 쉴 수가 없었다. 와인에 대한 생각을 계속 이어 나가고 싶었던 것이다. 그래서 예전에 구입한 와인 책을 펼치곤 와인의 특징을 결정하는 요소에 대한 설명을 찬찬히 읽기 시작했다.

와인의 특징을 결정하는 요소에는 자연적 요인과 인위적 요인이 있다. 자연적 요인은 토양과 기후이고 인위적 요인은 포도 품종, 단위 면적당 수확량, 수확 시기, 양조, 숙성 방법과 기간이다.

홍 대리는 두 번째 과제에서 품종을 달리해 와인을 마신 터라 '품종'에 관한 지식부터 알고 싶었다. 몇 장 뒤로 넘겼더니 품종에 대한 간단한 설명이 나와 있었다.

레드 와인 품종과 화이트 와인 품종은 다르다. 와인 품종별로 다양한 맛이 난다. 또 같은 품종이라도 생산된 지역별로 차이가 난다.

레드 와인 품종으로는 카베르네 소비뇽, 카베르네 프랑(Cabernet Franc), 메를로, 피노 누아, 시라/쉬라즈, 말벡(Malbec), 가메(Gamay), 그르나슈(Grenache), 템프라니요(Tempranillo), 산지오베제, 네비올로(Nebbiolo), 돌체토(Dolcetto), 바르베라(Barbera), 코르비나(Corvina), 진판델(Zinfandel), 타나(Tannat), 피노타주(Pinotage) 등이 있다.

화이트 와인으로는 샤르도네, 소비뇽 블랑, 세미용(Semillon), 리슬링, 게뷔르츠트라미너, 슈냉 블랑(Chenin Blanc), 피노 그리/피노 그리지오, 피노 블랑(Pinot Blanc), 마르산(Marsanne), 루산(Rousanne), 그뤼너 펠트리너(Grüner Veltliner), 실바너(Sylvaner), 모스카토(Moscato), 트레비아노(Trebbiano), 가르가네가(Garganega), 아르네이스(Arneis), 코르테세(Cortese), 비우라(Viura), 베르멘티노(Vermentino), 푸르민트(Furmint), 비오니에(Viognier) 등이 있다.

'무슨 포도 품종이 이렇게 많아? 포도가 그냥 포도가 아니었어.'

홍 대리는 방 선생이 두 번째 과제를 내준 뜻을 새삼 이해하며 고개를 끄덕였다. 그때였다. 답장을 보냈다는 방 선생의 문자 메시지가 떴다. 홍 대리는 이메일을 열었다.

두 번째 과제도 정리를 잘했더군. 이번에 정리한 걸 읽으며 내가 자네에게 도움을 주는 게 아니라, 오히려 자네에게 도움을 받고 있다는 생각이 들었다네.

와인 수입상으로서 다른 사람들이 와인을 마실 때 어떤 느낌이 드는지 아는 것도 중요하지. 그 역할을 자네가 해주고 있군. 정말 나 역시 자네의 보고서를 통해 도움을 많이 받고 있다네. 감사하다는 말은 나도 해야 할 것 같군.

자, 이번엔 세 번째 과제네. 이번에도 일주일 기한을 주지.

두 번째 과제와 마찬가지로 품종이 다른 레드 와인과 화이트 와인을 각각 5 종씩 마셔 보는 거라네.

두 번째 과제와 다른 점이 있다면, 이번에 맛을 보는 품종은 비교적 덜 알려진 것들이라는 거지. 와인 양조에 사용되는 포도 품종은 적게 잡아도 수백 가지나 된다네. 그것들이 여러 원산지, 또 그 안에 있는 무수한 생산자, 또 각기 다른 빈티지마다 만들어지므로 실로 와인의 종류는 밤하늘의 별만큼 많다고 할 수 있네. 그 포도 품종들을 중요도순으로 각각 레드 10개, 화이트 10개로 추릴 수 있다네. 두 번째 과제는 그중 가장 중요하고 일반적인 5 개씩을 먼저 맛보는 것이었네. 두 번째 과제를 통해 맛본 품종 10가지만 알아도 일반적으로 시중에서 볼 수 있는 와인의 60퍼센트 정도는 커버할 수 있을 걸세.

세 번째 과제에서 맛보아야 하는 와인의 품종이 비교적 덜 알려졌다고 했지만 그것은 먼젓번 과제에서 경험한 10가지 품종에 비해 상대적으로 그렇다는 것이야. 수백 가지에 달하는 양조용 품종 중에서 열 손가락에 꼽혔다는 것은 대단한 것일세. 세 번째 과제에 나오는 10가지 품종까지 경험하고 나면, 아마 우리나라에서 볼 수 있는 모든 와인에 사용되는 품종 중에서 80퍼센트는 경험했다고 봐도 되네. 이 품종들을 자네는 어떻게 느낄지 궁금하군.

덜 알려진 품종의 와인 10종 마셔 보기

– 두 번째 과제와 마찬가지로 품종을 달리해서 레드 와인과 화이트 와인 각각 5종씩 마셔 보기

1. 덜 알려진 레드 품종 5종, 화이트 품종 5종 선택.

2. 되도록 빈티지는 같은 것으로 하고, 여의치 않으면 차이가 1~2년 정도 나게 고를 것.

3. 지금까지의 두 번의 과제와 마찬가지로, 한날 한자리에서 레드 5종을 시음하고, 같은 방법으로 다른 날 화이트 5종을 시음할 것.

 포도 품종 리스트

레드 품종

1. 네비올로
2. 돌체토 또는 바르베라
3. 카베르네 프랑 또는 가메
4. 템프라니요
5. 말벡

화이트 품종은 좀 고민스러웠네. 우리나라에서는 화이트 와인이 저평가되어 있어서 다양한 화이트 와인을 만나기가 꽤 어렵네. 중요한 품종들이 많지만 실제로 와인을 시중에서 널리 구하기 힘들다면 빼는 것으로 했네. 프랑스와 남아공에서 널리 재배되는 슈냉 블랑이나 스페인의 대표적인 화이트 품종인 알바리뇨(Albariño), 독일의 뮐러 트루가우(Müller Thurgau) 등이 그것이지. 그리고 어떤 품종들은 품종명으로는 잘 알려져 있지 않지만 그 주산지나 다른 이름으로는 아주 유명한 것들도 있네. 이런 경우에는 품종명보다는 주산지나 다른 이름을 알아 두는 편이 더 현실적일 거라고 생각해서 그렇게 했네. 자네 같은 초심자가 즐기기에 좋으면서도 주머니 부담이 적은 것 위주로 정리해 보았네.

화이트 품종

1. 세미용
2. 프랑스 론 지역의 화이트 품종: 마르산과 루산, 비오니에
3. 모스카토
4. 소아베

가르가네가 품종으로 만들어지는 이 유쾌한 와인은 오직 소아베로만 유명하다네. 그래서 오히려 품종명보다 소아베라는 마을 이름을 기억해 두는 편이 더 좋을 거야.

5. 프로세코

이 품종은 거의 모두가 발포성 와인으로 만들어지는데 그 와인의 이름도 프로세코라고 한다네. 본디 포도 품종인 프로세코가 발포성 와인의 이름으로 더 유명해져서 몇 년 전부터는 포도 품종을 의미할 때는 글레라(Glera)라는 이름을 따로 사용한다네. 발포성

와인은 샴페인만 생각하기 마련인데, 꼭 그렇지만도 않다는 것을 이 녀석을 보면 알 수 있지. 경제적이면서도 기분을 아주 좋게 하는 녀석이야.

마지막으로 와인 리스트 대신 중요 와인 유형을 줄 테니 참고해서 그 안에서 잘 골라 보게. 와인은 마셔 보는 것만큼이나 자기가 직접 사보는 것도 매우 중요한 훈련이라네.

▌레드 와인

1. 네비올로
네비올로는 세계적으로 거의 이탈리아 북부의 피에몬테에서만 재배되며 바롤로(Barolo), 바르바레스코(Barbaresco) 같은 이탈리아의 대표 명주를 만드는 품종이라네. 바롤로, 바르바레스코는 꽤 고가의 와인이니 부담스럽다면 네비올로 달바(Nebbiolo d'Alba)나 랑게 네비올로(Langhe Nebbiolo) 중에서 고르게. 하지만 네비올로 달바나 랑게 네비올로는 찾기 힘들다는 것이 흠이네.

2. 돌체토 또는 바르베라
네비올로와 같이 피에몬테가 고향이지만 돌체토나 바르베라는 훨씬 대중적인 와인을 만드는 데 사용되는 품종이라네. 이탈리아 피에몬테산 돌체토 달바(Dolcetto d'Alba)나 바르베라 달바(Barbera d'Alba) 또는 바르베라 다스티(Barbera d'Asti)를 찾아보게. 어지간한 가게라면 한두 가지 정도는 찾을 수 있을 걸세.

3. 카베르네 프랑
카베르네 소비뇽이 귀에 익어서 친근하게 들리는 카베르네 프랑은 실제로 유전적으로도 카베르네 소비뇽의 부모에 해당한다네. 그러나 단일 품종으로 양조되는 일이 적고 주로 카베르네 소비뇽이나 메를로를 돕는 보조 종으로 쓰여 '충실한 조연'의 이미지가 강하다네. 하지만 기후, 토양, 실력 등 생산의 3박자가 모두 갖춰질 경우 놀라운 와인이 되기도 한다네. 프랑스 루아르 지역에 속하는 시농(Chinon) 마을의 레드 와인이 있는지 먼저 물어보게. 없으면 산지를 불문하고 찾을 수 있는 것이 있으면 그것으로 하게나. 경험의 가치가 충분하니까.

4. 템프라니요
스페인 리오하(Rioja) 지역 또는 리베라 델 듀에로(Ribera del Duero) 지역의 크리안자(Crianza)나 레세르바(Reserva)급을 찾아보게.

5. 말벡
아르헨티나 레드 와인의 거의 전부라고 할 수 있는 품종이네. 아르헨티나 사람들은 바비큐를 먹을 때 오직 하나의 채소만을 곁들여 먹는데 그게 말벡이라는 우스갯소리가 있을 정도로 말벡은 아르헨티나인들에게 절대적인 지지를 받고 있네. 아르헨티나 와인 섹션에 가면 어디에나 있으니 중급 가격대로 골라 보게.

화이트 와인

1. 세미용
세미용은 보르도산 드라이 화이트 와인이나 후식용으로 사용하는 달콤한 디저트 와인의 주원료 중 하나로 중요한 품종인데, 레드 와인에서 카베르네 프랑이 그렇듯 단일 품종으로 만든 와인은 좀처럼 없다네. 여기 힘들여 찾은 아주 훌륭한 예가 있네.

(미국 워싱턴주산) 레콜 넘버 41 컬럼비아 밸리 세미용(L'Ecole No. 41 Columbia Valley Semillon)

2. 프랑스 론 지역의 화이트 품종

프랑스 론 지역의 코트 뒤 론 블랑(Cotes du Rhone Blanc)이나 크로제 에르미타주 블랑(Crozes Hermitage Blanc)을 찾아보게. 더 좋은 것도 있지만 가격이 높을 걸세.

마르산과 루산은 자주 같이 사용되는 경향이 있으니 하나처럼 생각하게. 반면 비오니에는 거의 단일 품종으로 양조된다네.

론 지역의 비오니에 와인으로 중간 가격의 와인이 있다면 우선적으로 고르고, 호주산으로 비오니에 단일 품종 와인이 있으면 그것도 아주 좋은 선택이네.

3. 모스카토

이탈리아 모스카토 다스티(Moscato d'Asti) 중에서 어느 것을 선택해도 괜찮을 걸세.

4. 소아베

그 이름 그대로 소아베 또는 좀 더 상급인 소아베 클라시코(Soave Classico)를 찾아보게.

5. 프로세코

이탈리아 코너 또는 스파클링 코너에 가서 라벨에 프로세코라고 쓰여 있는 것을 찾아보게.

'덜 알려진 품종이라……'

생각만 해도 들떴다. 향이나 맛도 특별할 것만 같았다. 그는 방 선생의 메일을 출력해 가방 속에 잘 넣어 두며 중얼거렸다.

"내일 퇴근하자마자 도나 씨와 함께 와인을 구입해야겠다."

제 말에 깜짝 놀란 홍 대리는 마네킹처럼 굳어서는 두 눈만 끔 벅거렸다.

"도나…… 여기서 왜 그 이름이 나오는 거야?"

"선배, 선배, 선배님!"

도나가 갑자기 소리를 내지르는 바람에 홍 대리는 들고 있던 캔 커피를 떨어뜨릴 뻔했다.

"무슨 생각을 그렇게 해요? 김 대리님이 프랑스 팀 와인 대접하 게 된 게 그렇게 분해요?"

오늘 아침 출근하자마자 김 대리의 소식을 들었지만 기분이 상 하지는 않았다. 되레 김 대리가 그 일을 맡은 게 당연하다는 생각 까지 들었다. 며칠 전 방 선생의 가르침이 없었다면 꽤 속이 쓰렸 을 것이다. 하지만 지금은 자신이 가질 만한 기회가 아니라는 걸 충분히 깨달았다. 그런 속내를 알 리 없는 도나는 걱정스러운 눈 길로 그를 쳐다봤다. 이런 걸 보면 그녀도 자신에게 꽤 마음이 있는 것 같기도 하다는 생각을 하면서 홍 대리는 고개를 절레절레 흔들었다.

"그럼 왜 그러는데요? 오늘 아침부터 이상해."

사실은 바로 그녀 때문에 어젯밤부터 고민을 하고 있었다는 말은 하지 못하고 홍 대리는 캔커피를 홀짝거리기만 했다.

"그리고 선배, 저번에 함께 와인 마시기로 해놓고 왜 아직도 묵묵부답이에요?"

"벌써 마셨어."

"세상에, 그걸 다?"

열 병을 완전히 다 비운 건 아니었다. 와인의 풍미를 어느 정도 느낀 후에는 진공 마개로 닫아 보관해 두었지만 그는 고개를 끄덕였다.

"아니, 왜요? 왜 약속을 안 지켜요?"

"어제까지 과제 제출이었거든. 오늘부터는 다른 와인을 구입해야 해."

"이번엔 어떤 과젠데요?"

"덜 알려진 품종으로 만든 와인."

"그래요? 덜 알려진 품종이라니, 어쩐지 궁금해지는걸요."

도나는 눈을 반짝 빛내며 말했다.

"와인병으로 구입하든가 와인바에서 마시든가 할 건데……. 도나 씨는 어떤 게 더 좋아?"

홍 대리가 은근슬쩍 묻자 도나는 잠시 고개를 갸웃거리더니, '와인바요'라고 자연스럽게 대답했다.

"그럼 오늘은?"

"괜찮아요."

"레드 와인? 화이트 와인?"

"화이트 와인. 어?"

떠주는 밥을 덥석덥석 받아먹는 것처럼 대답을 잘하다 말고 도나는 갑자기 눈을 댕그랗게 뜨고 홍 대리를 빤히 처다봤다.

"왜?"

덩달아 멈칫한 홍 대리가 물었다.

"데이트 신청을 이렇게 하나?"

도나는 마치 지나가는 바람처럼 빠르고 간결하게 말했다.

"이제 알았다."

홍 대리는 담담하게 받아쳤다.

"뭘요?"

"도나 씨 화법."

"내 화법?"

"선공격, 후차단."

"그게 뭐예요?"

도나는 어이가 없다는 듯 되물었다.

"덜 알려진 품종으로 만든 와인은 그렇지 않은 와인과 어떤 차이를 가지고 있을까? 굳이 덜 알려진 품종으로 와인을 만드는 이유가 뭘까?"

"예?"

"아마도, 때로는 특별히 유일무이한 맛을 즐기려는 사람들이 있기 때문이겠지? 관계도 마찬가지인 것 같아. 사람들은 대부분 누군가와 특별한 관계를 맺고 싶다고 바라지만 사실은 아무리 오래 살아도 그런 관계를 갖지 못하고 죽는 사람들도 많지."

"뜬금없어요. 무슨 말을 하고 싶은 거예요?"

도나는 꽤 당혹스러워하면서도 옥상 정원에 있는 다른 사람들이 들을까 나지막하게 물었다.

"맞아, 데이트 신청. 도나 씨는 장난스럽게 말하는 것으로 바리케이드를 쳤지만, 나는 도나 씨를 특별한 관계로 만들어 볼 생각이야."

홍 대리는 잠시 말을 멈췄다. 그리고 좀 전보다 진지하게 물었다.

"도나 씨 생각은?

알고 마시면 더 특별한 와인의 풍미 Tip

풍미의 인지

와인은 '오감을 만족시키는 음료'라는 말답게 방대한 감각의 저장고의 문을 여는 열쇠라고 할 수 있다. 태어나 지금껏 살아오면서 무의식중에 반복적으로 학습되어 우리 뇌에 깊숙이 저장된 각종 풍미는 어느 컴퓨터에서나 쉽게 찾아볼 수 있는 폴더와 마찬가지다.

세상에 존재하는 사물들은, 대뇌가 우리가 코를 통해 기억하는 향, 혀를 통해 기억하는 맛과 질감, 눈을 통해 기억하는 색의 정보를 모두 통합해 특정한 사물의 이름을 단 폴더에 담는다. 바나나를 예로 들어 보자.

- **풍미 인지의 예(바나나)**

시각 : 노란색, 굽은 모양
후각 : 특유의 달콤한 향
미각 : 달콤하다
질감 : 매끄럽고 부드러우며 쫄깃하다

우리의 대뇌는 이러한 각각의 특징을 종합하여 바나나라는 이름의 폴더에 기억시켜 두고 있는 것이다. 그 폴더 내에서 시각과 후각, 미각, 질감의 정보들은 서로 유기적으로 결합하여 대상 풍미를 더욱 잘 인지할 수 있게끔 도와준다. 위에서 바나나의 후각 정보를 '특유의 달콤한 향'이라고 했는데, 만일 우리의 대뇌에 있는 바나나 폴더가 이 후각 정보만을 담고 있다면 우리는 바나나의 향을 맡고 그것을 달콤하다고 표현하지는 못할 것이다. 그것이 달콤한 향이라고 말할 수 있는 것은 우리가 바나나 폴더를 구성하는 다른 감각 정보인 시각, 미각, 질감의 정보를 함께 기억하고 있으며, 하나의 정보가 다른 정보들을 연상케 하기 때문이다.

따라서 어떤 사람의 눈을 가리고, 코를 집게로 막고서 양파를 한입 베어 물게 하고 무엇을 먹고 있는지 물으면 사과라고 답하는 사람이 있는 것처럼 감각의 일부를 제한하면 우리의 뇌는 그 종합적 대상물을 다른 것으로 착각할 수 있다. 그래서 와인을 음미할 때도 되도록 향(nose)과 맛(taste)을 구분하여 이해하는 것보다 그 전체적 합인 풍미(flavor)로 이해하는 것이 바람직하다.

와인의 향(Nose)

와인이 주는 감각적 만족감의 70퍼센트 이상은 향에서 나온다는 말이 있는데, 이것은 향이 단순히 코로만 느끼는 데 그치는 것이 아니라 다른 감각 정보인 미각과 결부되어 그 와인의 종합적 만족감을 결정한다는 의미다. 그만큼 와인에서 향이 차지하는 중요성은 절대적이라고 할 수 있다.

향의 종류

영어로 'smell'은 우리말의 냄새에 해당하며 좋고 나쁜 모든 냄새를 의미하는데, 와인의 향은 긍정적이고 좋은 '향기'를 의미하며 영어로 'nose'로 표현한다. 와인의 향은 크게 아로마(aroma)와 부케(bouquet)로 구분한다. 아로마는 포도 자체가 타고난 하나의 특정한 향을 의미한다. 아로마는 하나의 향을 가리키므로 그 각각에는 장미 아로마, 라임 아로마처럼 고유한 이름이 있다. 반면 부케는 오크통이나 병속에서 와인이 숙성되면서 발전시키는 시간의 흔적이 묻은 숙성 향으로 복합적이며 아로마처럼 한 가지로 이름 붙이기 어려운 향의 '다발'을 의미한다.

향의 관찰

와인의 향을 이루는 아로마와 부케는 모두 자연적으로 만들어지지만 각각을 뜯어 보면 분자구조가 서로 다른 화학물질이다. 어떤 것은 분자구조가 단순하고 가볍고 어떤 것은 복잡하고 무거운데, 이러한 차이 때문에 잔 안에서 시차를 두고 향이 발현된다. 분자구조가 단순하고 가벼운 향에 속하는 아로마가 먼저 발현되고, 복잡하고 무거운 향이 후에 발현된다.

따라서 향을 관찰하는 방법은 다음과 같다. 먼저 잔을 흔들지 않은 상태에서 잔을 들어 정지 향을 맡는다. 이때 느껴지는 것은 아로마 중에서도 단순하고 가벼운 것들이다. 다음으로 잔을 돌려 주는 스월링을 10초 이상 한 뒤에 향을 맡아 본다. 좀 더 복잡하고 무거운 향들이 올라올 것이다. 와인의 향은 알코올의 기화력을 추 진력으로 삼아 올라오게 되는데, 스월링을 하면 알코올의 기화를 촉진해 더 많은 향을 관찰할 수 있으며, 산소와 와인의 접촉을 순 간적으로 극대화해 풍미의 발현을 빠르게 촉진할 수 있다.

풍미의 관찰

이제 향의 관찰이 끝나고 와인을 맛볼 차례다. 향과 맛을 한데 아우르는 풍미에 대해 살펴보기에 앞서 몇 가지 중요한 원칙을 먼 저 공개한다.

나무보다 숲을 보라!

와인의 맛을 볼 때 특징적 향이나 맛 하나를 어떻게 표현할지 고민하지 말고 전체적인 성향과 풍미의 계열을 굵직하게 읽어라.

상식을 활용하라!

맛있는 수박과 참외를 고르는 요령에 대해 들어 본 적 있는가? 맛있다는 것은 잘 익었다는 것을 의미하며, 잘 익은 수박과 참외 는 진하고 분명한 본연의 색깔을 지닌다. 비가 많이 내려 일조량이 부족한 해에 나온 과일은 당도가 떨어져 맛이 없다는 것은 누구나 아는 상식이다. 상식을 동원하면 와인의 풍미에 훨씬 쉽게 접근할 수 있다. 날씨가 더운 환경에서 재배된 포도는 색이 짙고 당도가 높고, 선선한 환경이라면 색이 옅고 당도가 낮고 신맛이 증가하게 마련이다.

최대한 다양한 유형의 와인에 본인의 감각을 노출시켜라!

와인에는 수많은 포도 품종과 원산지, 생산자들이 있어 복잡하지만 와인의 스타일에 따라 크게 접근한다면 좀 더 효과적으로 본인의 와인 취향을 파악할 수 있다. 아직 호불호가 뚜렷하지 않다면 특정 품종, 지역, 생산자만을 고집할 것이 아니라 최대한 다양한 와인을 경험하려는 자세가 필요하다.

풍미의 계열

와인은 과실주이므로 무엇보다 과일 풍미가 중요하다. '와인은 오래 묵을수록 좋다'는 잘못된 속설이 있는데 과일 풍미가 생기를 완전히 잃어버려 와인이 마른 나뭇등걸처럼 느껴진다면 그것을 누가 좋다고 즐길 것인가? 따라서 와인을 이해하려 할 때는 과일 풍미에 대해 제대로 아는 것이 기본이다.

과일 계열

와인에서 과일 풍미는 매력의 원천이다. 잘 익어 맛좋은 과일은 누구나 쉽게 이해하고 좋아하기 때문이다. 과일 풍미는 다시 포도 품종과 원산지, 숙성 정도 등에 따라 달리 나타난다.

화이트 와인에서 주로 발견할 수 있는 과일 풍미에는 열대 과일 계열과 감귤류 과일 계열이 있다. 샤르도네 품종으로 만든 프랑스의 샤블리나 뉴질랜드의 소비뇽 블랑은 감귤류 과일 계열의 풍미를 훌륭하게 보여 주는 좋은 예다. 샤블리 지역과 뉴질랜드는 모두 선선한 기후를 특징으로 하고 있는데 이 와인들의 짜릿한 감귤류의 신맛은 생각만 해도 입에 침이 고일 정도다. 열대 과일 계열의 풍미를 지닌 화이트 와인의 좋은 예는 충만한 햇살을 받아 완숙한 포도로 만들어지는 캘리포니아의 샤르도네다. 같은 샤르도네 품종으로 만들어지는 샤블리에서는 느끼기 어려운 열대 과일의 풍미가 감귤류 과일의 풍미와 멋스럽게 조화를 이루고 있다.

열대 과일 계열: 바나나, 파인애플, 망고, 리치, 멜론, 구아바, 코코넛 등

감귤류 과일 계열: 레몬, 라임, 자몽, 오렌지 등

중요한 것은 열대 과일과 감귤류 과일 중에서 어느 한쪽의 풍미만이 느껴지는 와인이 따로 있다기보다 대부분의 와인에서 두 계열이 정도의 차이는 있지만 함께 느껴진다는 것이다. 또 한 가지 중요한 것은 색이 짙은 화이트 와인에서는 열대 과일의 풍미가 잘 나타나고, 색이 옅은 화이트 와인에서는 감귤류 과일의 풍미가 잘 나타난다는 것이다.

레드 와인에서 주로 발견할 수 있는 과일 풍미는 붉은 과일 계열과 검은 과일 계열이다. 이 두 계열에서 흔히 베리류 과일이라고 통칭하는 것들이 자주 보인다. 블루베리나 블랙베리, 라즈베리, 크랜베리 정도는 다리품을 조금만 팔면 구해서 맛볼 수 있지만 카베르네 소비뇽의 주풍미인 블랙커런트는 아쉽게도 우리나라에서 잼이나 크림의 형태가 아닌 과일로 만나기는 상당히 어렵다.

붉은 과일: 자두, 레드체리, 딸기, 라즈베리, 크랜베리, 석류 등

검은 과일: 블랙체리, 블랙커런트(카시스), 블랙베리, 블루베리, 흑자두 등

붉은 과일의 풍미와 검은 과일의 풍미는 한 와인에서 얼마든지 함께 나타날 수 있으며, 원산지가 따뜻할수록 검은 과일의 풍미가 많이 느껴지고 서늘할수록 붉은 과일의 풍미가 많이 느껴진다. 검은 과일의 풍미가 많은 와인은 따뜻한 원산지에서 재배된 포도로 만들어졌을 개연성이 높으므로 포도가 색이 짙고 이상적으로 완숙에 이르렀으며 감미롭고 매끄러운 질감을 가졌을 확률이 높다. 따라서 와인의 빛깔이 깊고 짙으면 검은 과일의 풍미가, 옅으면 붉은 과일의 풍미가 잘 나타날 것으로 기대할 수 있다.

또 더운 원산지에서 만들어진 와인은 포도가 완숙을 넘어서 자칫 과숙에 이르기 쉽다. 그래서 자칫하면 신선한 과일 느낌이 결여된 조리한 과일의 느낌이 나는 와인이 될 수도 있다. '조리한 과일'은 반드시 부정적인 어감을 갖는 것은 아니지만 와인이 향긋하고 신선한 느낌이 전혀 없이 푹 익힌 조리한 과일 느낌 일색이라면 잘 만들어진 와인으로 보기는 어렵다.

과일 풍미 중에는 말린 과일의 풍미도 있는데 실제로 포도를 말리는 방식으로 만든 디저트 와인에서 말린 과일의 풍미가 나는 것은 자연스러운 일이다. 말린 과일의 풍미는 또한 더운 원산지에서 만들어진 와인에서도 찾을 수 있으며, 재미있게도 어릴(young) 때는 말린 과일의 느낌이 없이 신선한 과일의 풍미를 지닌 와인도 병 숙성을 오래 거치면서 말린 과일의 풍미를 띨 수 있다.

조리한 과일: 딸기잼, 오렌지 마멀레이드, 사과파이 등

말린 과일: 말린 자두, 건포도, 말린 살구, 말린 무화과

꽃 계열: 장미, 제비꽃, 아카시아, 라일락 등

꽃 계열의 풍미는 대체로 포도 품종 자체가 타고난 고유한 특징인 경우가 많다. 시라에서 찾을 수 있는 제비꽃 향이 좋은 예다. 반드시 그런 것은 아니지만 화이트 와인은 흰 꽃의 풍미를, 레드 와인은 색이 짙은 꽃의 풍미를 갖는 경향이 있다.

향신료 계열: 후추, 계피, 아니스, 정향, 바닐라, 육두구 등

향신료 계열의 풍미는 포도 품종 자체가 타고나는 경우도 있지만 그보다는 오크통 숙성 중에 생겨난다고 봐야 한다. 우리나라 사람들이 가장 감지하기 쉬운 향신료 풍미는 후추, 계피, 바닐라 정도이지만 와인에서는 놀랍도록 다양한 향신료 풍미를 찾을 수 있으니 아는 만큼 느껴진다고 하겠다. 향신료는 후추처럼 매콤한 계열과 바닐라, 넛맥(육두구)처럼 달콤한 계열이 있다.

오크 계열: 오크 향, 부가적으로 훈연 향

오크통은 와인의 양조와 보관에 사용되는데, 와인과 짧게는 수개월에서 길게는 수년간 접촉하면서 오크나무 자체의 느낌인 오크 향을 와인에 배어들게 한다. 그뿐 아니라 오크나무 안에도 탄닌이 존재하는데, 이것이 와인으로 전이되어 와인의 탄닌을 보강하고 와인의 질감을 더욱 농밀하게 한다.

오크통을 제작할 때 통의 내면을 불로 굽고 그을리는 토스팅 (toasting)을 하는데, 와인이 오크통의 내면과 접촉하는 동안 이 느낌이 와인에 스며들어 훈연 향이 난다. 그리고 토스트 향 외에도 모카, 캐러멜, 바닐라 등의 향을 생성한다. 엄밀히 말해 오크 향과 훈연 향은 오크통과 와인의 물리적 접촉 중에 오크통에서 와인으로 전달된 오크 계열의 풍미다. 반면 모카, 캐러멜, 바닐라 등은 화학적 작용으로 생겨난 향이다.

토양 계열: 젖은 흙, 부엽토, 낙엽, 버섯, 이끼, 관목(덤불), 먼지 등

토양 계열의 풍미는 어린 와인에서는 잘 나타나지 않고 병입 숙성이 충분히 진행되어야 나타나는 대표적인 숙성 풍미다. 특히 오래 숙성된 프랑스 부르고뉴 피노 누아와 포므롤 지역의 레드 와인, 이탈리아 피에몬테 지역의 네비올로 품종 계열 와인은 토양 계열 풍미의 진수를 보여 준다.

동물 계열: 가죽, 사향, 두엄, 사냥으로 잡은 야생동물 등

토양 계열 풍미와 마찬가지로 '어릴' 때는 잘 나타나지 않고 병입 숙성이 충분히 진행되어야 나타나는 대표적 숙성 풍미다.

미네랄 계열: 으깬 돌, 부싯돌, 연필심, 염분(나트륨), 철분, 숯 등

포도나무는 생존력이 강해 양분이 없는 척박한 환경에서도 잘 살아남으며, 수분과 양분을 찾아 땅속 깊이 뿌리를 내린다. 땅속으로 10미터 넘게 뿌리내리는 경우도 있다. 포도나무는 뿌리를 통해 물을 빨아들이며 이때 땅속의 미네랄도 함께 흡수할 수 있다. 미네랄 풍미는 양조나 숙성 과정에서는 절대 생겨나지 않으며 철저히 포도나무가 자라난 토양에 기인한다. 따라서 뿌리를 깊이 내리지 못한 어린 포도나무보다 수령이 오래된 포도나무에서 많이 얻어진다. 미네랄의 풍미는 과일 풍미만큼이나 직접적으로 자신을 드러내지 않아서 상대적으로 다른 풍미들보다 관찰하고 이해하기가 쉽지 않다.

허브 계열: 라벤더, 바질, 로즈마리, 민트 등

연중 온난한 지중해성 기후에 속하는 와인 산지에서 나온 와인들에서 허브의 풍미를 자주 발견할 수 있다. 지중해성 기후가 허브에게는 천국인 것과 무관하지 않다고 하겠다. 허브는 가볍고 은은한 느낌을 와인에 제공한다.

채소 또는 초목류 계열: 아스파라거스, 셀러리, 피망, 완두콩 등

신선한 아스파라거스 향이 나는 이탈리아의 피노 그리지오, 싱그러운 풀 향이 나는 카베르네 프랑처럼 이 계열의 풍미는 포도 품종 자체의 특징이기도 하지만, 그 정도가 지나치거나 연관성이 낮은 포도 품종에서 나타날 경우는 완숙도가 떨어지는 포도로 와인을 만들었다고 볼 수 있어서 그다지 긍정적으로 받아들여지지 않는 경향이 있다. 이 계열의 풍미를 지닌 와인들을 통칭하여 '풋풋한(green)와인'이라고도 표현한다.

견과류 계열: 아몬드, 호두, 헤이즐넛 등

견과류의 풍미는 포도 품종 고유의 특징일 수도 있고 오크통 숙성에서 비롯된 것일 수도 있다. 피노 그리지오나 소아베같이 과일 풍미나 신맛이 강하지 않고 은은한 화이트 와인에서는 뒷맛에서 약간 쌉쌀한 아몬드의 풍미를 종종 느낄 수 있으며, 짙은 과일 풍미와 오크 느낌이 강한 화이트 와인에서도 헤이즐넛과 같은 풍미를 느낄 수 있다. 그리고 일반적인 오크 숙성 기간보다 훨씬 오래 숙성시켜 만드는 와인에서도 견과류의 풍미가 느껴지는데, 포르투갈의 디저트 와인인 포트와인 중에서 10년 이상 숙성된 토니 포트(Tawny Port) 와인은 견과류의 풍미를 제대로 느껴 볼 수 있는 탁월한 예다.

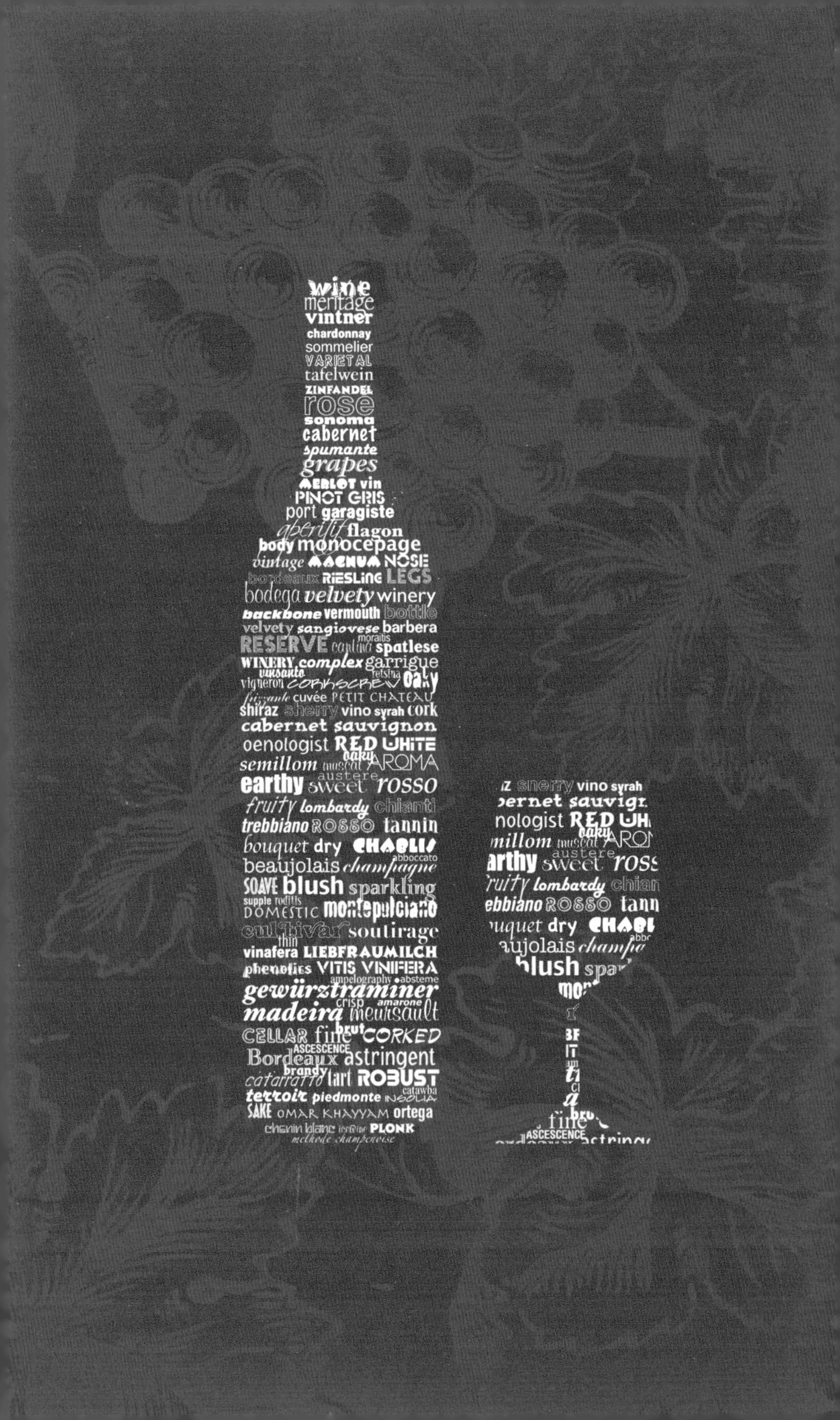

제4장

와인과 함께 찾아 온
삶의 변화들

사랑도 인생도 와인처럼만

홍 대리는 새로 구입한 와인 열 병을 와인랙에 꽂고는 옅은 한숨을 내쉬었다. 애당초 도나와 함께 와인을 마실 생각을 하고 있었던 터라 혼자 와인을 따라 마시자니 어쩐지 개운치가 않았다.

소파에 드러누운 채 와인 책을 펼쳤다. 이미 알고 있는 내용은 슬쩍슬쩍 지나치고, 처음 보는 내용이 있으면 옛사람이 글을 읽는 것 같은 목소리로 소리 내어 읽었다. 그러다 유독 마음에 와닿는 문장이 나오자 얼굴 위로 책을 덮고는 잠시 생각에 잠겼다.

비옥한 토양과 적절한 태양 볕처럼 좋은 환경이 구비되어 있는 땅에서 꼭 질 좋은 포도가 나오는 것은 아니다. 좋은 환경에 놓인 포도나무는 잎과 줄기의 번식에 집중해 열매를 맺는 데는 관심을 두지 않기 때문이다. 포도나무는 악조건 속에서는 양분을 얻기 위해 뿌리를 더 깊게 내리고 더 좋은 열매를 맺으려 노력하는 성향이 강하다.

그러고 보니 어디선가 지구상에 있는 모든 생물이 죽어도 식물만은 죽지 않을 거라는 말을 들은 기억이 났다. 포도나무라고 다르지 않을 것이다. 질긴 생명력으로 토양의 기운을 빨아들인 포도로 빚어낸 것이 와인이니, "좋은 와인 한 잔은 의사의 수입이 줄어들게 한다"는 격언이 아주 근거가 없지는 않은 것 같았다.

홍 대리는 특히 "악조건 속에서 더 좋은 열매를 맺으려 노력하는 포도나무"라는 말이 몹시 마음에 들었다. 그의 눈앞에 있는 와인은 어느 땅에선가 자신만의 싸움을 끝내고 오크통에서 숙성되어 병 속에 담기는 긴 여행을 마친 결과물이었다. 그는 새삼 '신비의 물'이라 일컬어지는 와인을 경건하게 바라보다 맨 왼쪽 위 칸에 넣어 둔 와인을 꺼냈다.

"아쉽다. 화이트 와인이면 좋았을 텐데."

그는 도나가 생각나 빙긋 웃고는 라벨을 살폈다.

피오 체사레 랑게 네비올로(Pio Cesare Langhe Nebbiolo) 2008

"이탈리아 피에몬테에서 생산된 제품이었구나."

홍 대리는 라벨에 씌어진 것을 읽은 뒤 인터넷으로 검색해 봤다. 피에몬테는 북서부에 위치한 지역으로, 이탈리아의 명품 와인인 바롤로와 바르바레스코의 고향이었다.

홍 대리는 코르크 마개를 딴 뒤 와인잔에 와인을 따랐다. 그러자 곧 와인잔이 붉게 물들기 시작했다. 잔을 두어 번 천천히 흔들었다. 가장자리에 약간 호박색이 감도는 붉은 벽돌색 빛이 났다. 고급 레드 와인임을 감안하면 색이 많이 흐린 편이었다. 카베르네 소비뇽이나 시라에서 느꼈던 잘 익고 풍부한 과일 향과는 다른 종류의 오렌지 껍질이나 석류 같은 신선한 과일의 느낌이 느껴졌다. 한 모금 머금고 입안에서 살살 굴렸다. 흐린 색이어서 풍미 또한 강하지 않을 것으로 예상했지만 풍미의 신선함을 배가하는 신맛의 존재감이 뚜렷했다. 목구멍으로 삼키고 난 뒤에도 탄닌의 여운은 확고했다. 꽃과 과일, 허브를 한데 으깨어 마시는 것 같은 향긋한 와인이었다.

"이런 게 복잡 미묘하다고 하는 것인가 보다."

홍 대리는 방금 마신 와인에 대한 느낌을 한글 파일에 바로 써넣은 뒤 두 번째 와인도 따서 마셨다. 그렇게 세 번째, 네 번째, 다섯 번째 와인까지 다 마시고 나자, 방 선생이 '덜 알려진 품종으로 만든 와인'을 맛보라고 한 이유를 정확하게 알 수 있었다. 덜 알려진 품종으로 만든 와인은 다른 와인보다 개성이 더 뚜렷했던 것이다.

홍 대리는 레드 와인 5종을 정리해 둔 파일을 다시 읽어 보았다.

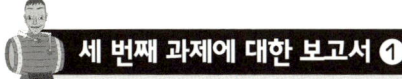

덜 알려진 품종의 다섯 가지 레드 와인 5종

▌레드 품종

1. 네비올로

(이탈리아 피에몬테산) 피오 체사레 랑게 네비올로(Pio Cesare Langhe Nebbiolo) 2008

완숙한 과일의 농익고 매끄러운 느낌보다는 투명하다는 느낌을 받았습니다. 지난번 과제 중에서 피노 누아를 맛볼 때와 비슷한 느낌이었습니다. 오렌지나 석류 같은 과일의 맛과 감초나 민트의 청량감도 느낄 수 있었습니다. 강함과 우아함이 적절하게 조화되어 있는데 피노 누아가 여성적 우아함이라면 네비올로는 비슷하지만 남성적 기품이라고 할까요. 복합적인 풍미가 맛의 깊이를 더하는 와인이었습니다.

2. 돌체토

(이탈리아 피에몬테산) 브루노 지아코사 돌체토 달바(Bruno Giacosa Dolcetto d'Alba) 2008

이 와인은 보랏빛이 살짝 감도는 깨끗한 루비 빛깔이었습니다. 새콤한 체리, 딸기, 생아몬드의 향이 느껴졌고 한 모금 입안에 머금어 보니 단맛은 전혀 느껴지지 않고 기분 좋을 정도로 상큼하고 쌉싸름한 여운이 남았습니다. 미디엄 바디에 오크 느낌이 절제되어 있어 아주 깔끔한 식감을 주었습니다.

3. 카베르네 프랑

– **(프랑스 루아르산) 팡세 드 팔루스(Pensees de Pallus) 2008**

매우 신선하고 인상적인 레드 와인으로 부드럽고 싱그러운 검은 열매류의 향이 잔에 가득하나 입에서는 전혀 무겁지 않은 느낌을 주었습니다. 장미꽃 향기, 아침 산책을 할 때 만날 수 있는 이슬을 머금은 흙냄새와 채소 향은 꼭 앞마당 텃밭에 서 있는 듯한 느낌을 주었습니다. 카베르네 소비뇽에 비해 오크 느낌은 점잖게 절제되어 있고 과일과 탄닌과 균형을 이루고 있는 산도가 대단히 자연스러워서 정말 좋은 밸런스가 이런 것인가 하는 생각을 해보았습니다.

4. 템프라니요

– **(스페인 리오하산) 발포르모사 프리믐 크리안자(Valformosa Primvm Crianza) 2008**

루비의 붉은색이 감도는 매우 진한 색을 띠었습니다. 잘 익은 붉은 계통의 과일과 붉은 장미의 농염한 향으로 존재감을 알려 왔습니다. 오크통 숙성의 흔적인 '스파이시'한 느낌과 바닐라, 담배, 가죽의 향이 나며 활기차고도 온화한 느낌의 와인으로 프랑스, 이탈리아와 구분되는 생동감이 있어서 마치 붉은 의상을 입은 여자 플라멩코 무용수 같은 모습이었습니다.

5. 말벡

– **(아르헨티나산) 카이켄 울트라 말벡(Kaiken Ultra Malbec) 2009**

짙은 색상의 와인으로 검은 체리와 자두 향, 약간 훈연된 향과 바닐라 향이 느껴졌습니다. 특히 은은히 퍼지는 꽃향기에 상쾌한 기분이 들더군요. 한 모금 입안에 머금었더니 꽉 차 있지만 부드럽게 채워진 것 같은 식감과 초콜릿의 여운을 느낄 수 있었습니다. 탄닌의 양이 적지 않은 것 같은데 그 느낌이 부드럽고 무겁지 않아 편안하게 즐길 수 있었고 개인적으로 이번 과제에서 가장 마음에 드는 와인이었습니다.

홍 대리는 자신이 기록한 것이지만 어쩐지 뿌듯했다. 마치 다른 사람들은 알지 못하는 세상 하나를 들고 있는 것 같은 기분마저 들었다. 내친 김에 화이트 와인도 맛을 볼까 하는 생각이 들었지만 일단 내일까지는 마시지 않기로 했다.

이틀 전 도나는 홍 대리의 고백에 내일 대답해도 되냐고 되물었다. 홍 대리가 꽤 실망한 표정을 짓자 그녀는 바로 덧붙였다.

"솔직히 말해 저도 선배에게 호감이 가요. 하지만 직장 동료이기 때문에 그런 건 아닌지 헷갈려요. 생각할 시간을 줘요."

홍 대리는 고개를 끄덕였다.

"고마워요, 선배."

도나는 해맑게 웃었다.

"뭐가? 시간을 줘서?"

"그냥 다."

홍 대리는 브루노 지아코사 돌체토 달바 2008을 다시 따랐다.

다섯 병의 와인 중에서 가장 풋풋하고 상큼한 맛을 냈다. 어쩐지 도나와 닮았다는 생각이 들었다. 그리고 와인에 조금씩 눈을 뜨기 시작한 지금의 자신도 이 와인의 풋풋함과 조금은 닮아 있었다.

배우려 하지 말고 즐겨라

굉장히 깊은 잠에 빠져 있었지만 문자 메시지 알림음 소리가 선명하게 들렸다. 그 때문에 잠에서 깬 홍 대리는 침대 머리맡에 놓아 둔 휴대전화를 집어 들었다.

 어젯밤에 인터넷 검색을 했어요. 우리 회사 근처에 유명한 와인바가 있더라고요. 오늘 거기 가지 않을래요? -도나

홍 대리는 벌떡 몸을 일으켰다. 눈두덩엔 여전히 잠이 따라붙어 있었지만 정신이 확 맑아지는 느낌이었다. 그는 두 눈을 거칠게 비비고는 바로 답장을 보냈다.

 화이트 와인은 안 마셨다.

197

몇 초 후 다시 문자 메시지 알림음 소리가 울리자 홍 대리는 바로 확인 버튼을 눌렀다.

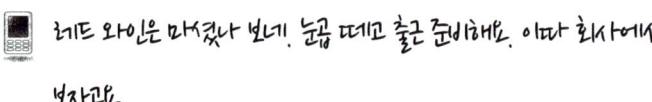 레드 와인은 마셨나 보네. 눈곱 떼고 출근 준비해요. 이따 회사에서 보자고요.

시계를 보니 새벽 6시를 조금 넘어서고 있었다. 홍 대리는 싱긋 웃으며 욕실로 들어섰다.

평소보다 일찍 일어난 덕분에 출근 시간도 일렀다. 가벼운 발걸음으로 건물 안으로 들어서자 옆에서 낯익은 말소리가 들렸다.

"어쩐 일이야? 이렇게 일찍?"

상품개발팀 김 대리였다.

"김 대리야말로 이렇게 일찍 웬일이야?"

홍 대리도 지지 않고 말했다.

"나야 늘 이 시간에 출근하지만 홍 대리는 아니잖아."

홍 대리는 그의 말에 깜짝 놀랐지만 내색은 하지 않고 피식 웃었다.

"아참, 와인 공부는 잘하고 있어? 와인은 말이지……."

"잘하고 있어."

뒷말이 듣기 싫어 서둘러 대답했지만 김 대리는 꿋꿋하게 말을 이었다.

"와인은 말이지, 문화적 가치뿐 아니라 개인적 가치까지 알아야 하는 거야. 홍 대리처럼 놀기만 좋아하고 학구적인 거랑 거리가 먼 사람은 힘들어."

홍 대리는 엘리베이터를 탄 사람이 둘뿐이라는 게 정말 다행이라는 생각이 들었다. 그렇지 않았다면 이렇게 아는 척하고 유치한 말투로 말을 하는 사람과 말을 섞고 있는 자신까지도 한심하게 보였을 것이다.

"결국 와인의 진가를 아는 사람이 누구인지는 드러났지. 당신이 저번에 저지른 실수는 이번에 내가 만회할 테니 감사하게 생각하라고."

김 대리는 회심의 미소까지 지었다. 보다 못한 홍 대리는 가볍게 한숨을 내쉬며 말했다.

"김 대리야. 재능이 있는 사람은 노력하는 사람을 따라갈 수 없고, 노력하는 사람은 즐기는 사람을 따라갈 수 없다는 말을 들어본 적 있지? 와인은 말이지, 와인을 즐길 줄 아는 사람에게는 무조건 열려 있는 거야. 뭘 좀 알고 말해라."

홍 대리의 말이 끝나자마자 엘리베이터 문이 열렸다. 정말 탁월한 타이밍이라는 생각을 하며 홍 대리는 뒤도 돌아보지 않고 사무실을 향해 걸어갔다.

출근해 있는 사람이 아무도 없었다. 홍 대리는 빈 사무실을 쓰
윽 둘러본 다음 가방을 자리에 올려놓고는 그 길로 옥상 정원으로
올라갔다. 옥상 아래의 도로에는 저마다 바쁘게 어디론가 가고 있
는 차들이 즐비하게 서 있었다. 그 풍경을 무심히 지켜보던 홍 대
리는 혼잣말을 중얼거렸다.

"즐기는 사람이라……."

과연 자신이 김 대리에게 그런 말을 할 자격이 있기나 한지 의
심스러웠다. 그러다 문득 예전에 와인 동호회에 대해 도나와 나눴
던 대화가 생각났다. 홍 대리는 자신이 와인에 대해 아는 것이 전
혀 없으니 동호회를 만들 수 없다고 말했다. 그건 바꿔 말하면 완
전히 알기 전까지는 아무 행동도 하지 않겠다는 것과도 같았다.
도나 말마따나 완전히 아는 때라는 건 없다. 그것이 무엇이든, 과
정이 있을 뿐이다. 즐겁게 마시고 더 많은 것을 알기 위해 함께 노
력하는 과정이야말로 가장 훌륭한 결과일 것이다.

"해보지, 뭐."

홍 대리는 지금 내린 결정을 도나에게 문자 메시지로 알려 주
려다 그만두었다. 말보다는 행동으로 보여 주는 게 더 좋을 것
이다. 찬바람에 식어 버린 커피를 마지막 한 방울까지 다 마시고
홍 대리는 옥상 정원을 나섰다.

"오늘 아침 내가 보낸 문자 메시지의 약효가 셌나 봐요."

도나가 쾌활하게 말했다. 홍 대리는 메뉴판을 보다 말고 고개를 들었다.

"약효?"

"평소보다 훨씬 생기 있어 보이는걸요. 마치 에너지를 충전한 것처럼."

그제야 도나의 말을 이해한 홍 대리는 다시 메뉴판으로 시선을 돌리곤 무덤덤하게 말했다.

"꼭 도나 씨 때문만은 아닐걸."

"아, 그렇단 말이죠?"

도나가 가방을 들고 일어서려는 시늉을 했지만 홍 대리는 모른 척하며 열심히 와인 리스트를 훑어보다가 "아! 여기 있다!" 하면서 레콜 넘버 41 컬럼비아 밸리 세미용을 한 병 주문하고는 뒤이어 덧붙였다.

"와인은 마시고 가셔야죠."

도나는 어이가 없다는 듯 웃더니 다시 자리에 앉았다.

"잡은 물고기라는 거죠?"

"설마."

"설마는 무슨. 그런 것 같은데. 뭐, 어쨌거나 와인은 마시고 가줄

게요. 지금 시킨 와인은 어떤 거예요?"

"아, 이 와인은 세미용 품종으로 만든 거야. 우리가 지난번에 맛본 소비뇽 블랑과는 자주 블렌딩되곤 해."

"그렇구나. 이거 향이 좋은데요. 가볍지도 않고 과하지도 않고. 달콤한 과일 향을 흘리면서도 맛은 드라이한 와인."

홍 대리는 싱긋 웃으며 와인의 향과 맛을 음미했다. 이젠 누가 봐도 전혀 어색하지 않을 정도로 자연스러운 모습이었다. 그러고는 방금 마신 와인의 느낌을 수첩에 꼼꼼하게 메모했다. 도나는 그 모습을 보면서 자신의 의견을 말했다.

"이 와인은 꼭 복숭아나 살구 같은데요. 신맛이 자극적으로 강하지 않고. 향도 좋아요. 달콤한 과일 향 같기도 하고 살짝 꿀 향기도 나네."

홍 대리는 도나의 의견까지 바로 덧붙여 기록했다. 그렇게 하니 테이스팅 노트가 훨씬 더 자세하고 다채로워졌다.

"다섯 병을 다 맛볼 수는 없고. 두 병만 더 시켜 볼까? 다섯 병 다 맛보면 좋겠지만 그러기엔 주머니 사정도 있고."

"이 와인은 어쩌고요?"

"코르크 마개를 막아 집에 들고 가면 되지."

홍 대리는 와인 리스트를 확인한 다음 소믈리에를 불렀다.

"자르데토 프로세코(Zardetto Prosecco)와 피에로판 소아베 클라시코(Pieropan Soave Classico) 주세요."

"네?"

소믈리에는 약간 뜻밖의 주문이라는 듯 되묻고는 이내 말을 이었다.

"이미 화이트 와인을 드셔서 레드 와인을 드시지 않을까 생각했습니다. 그리고 처음 드신 세미용이 바디감이 있는 와인이라서, 프로세코와 소아베 클라시코를 그다음으로 드시면 좀 약하다고 느끼실 수도 있을 텐데요. 게다가 프로세코는 스파클링이라 보통 스타터로 드시는데 괜찮으시겠어요?"

"오늘은 화이트 와인만 마시러 왔어요. 단일 품종으로는 좀처럼 보기 힘들다는 세미용이 눈에 확 들어와 먼저 시켰던 겁니다. 둘 다 주세요. 괜찮습니다."

소믈리에는 알겠다는 듯 고개를 끄덕이고 돌아섰다.

"어유. 두 사람이 무슨 말 하는지 모르겠네. 그래도 내가 와인 맛 하나는 잘 보죠? 선생님께 내 의견도 들어갔다는 거 꼭 말해요."

"선생님은 도나라는 사람이 있다는 것도 모르는걸."

"정말, 너무한다. 잡은 고기 맞네."

"그러니까, 이번 목요일엔 같이 인사하러 가자니까."

"싫어요."

"그게 왜 싫어?"

"선배가 내 와인 선생님 하면 되잖아."

"내가 그럴 깜냥이 되나? 알잖아, 나도 지금 배우는 중이라는 걸."

홍 대리는 내심 도나의 말에 흐뭇했지만 솔직하게 말했다.

"누굴 가르치다 보면 실력이 더 늘 수도 있잖아요."

"그런 면이 없지는 않지. 그런데 오늘만 해도 가르친다기보다 함께 대화를 나누고 즐긴 거잖아. 이런 분위기가 더 좋긴 하다."

"나도 그래요. 솔직히 처음엔 선배는 와인을 왜 그렇게 전투적으로 배울까 생각했거든요. 그런데 오늘 보니 정말 와인을 좋아하는 것 같네요. 와인이 왜 좋아요?"

질문을 받기 전까지는 생각해 본 적이 없는 문제라 홍 대리는 바로 대답하지 못했다.

"그런 생각 해본 적 없어요?"

도나가 눈치 빠르게 물었다.

"좋다기보다…… 한번 공부해 보자는 생각에 지금까지 온 거였거든. 그런데 와인 맛을 알면 알수록 더 많은 와인을 마셔 보고 싶고, 알고 싶다는 욕구가 생기더라고."

"그게 좋아하는 거죠."

"그런가?"

홍 대리는 고개를 갸웃거렸지만 내심 도나의 말에 동의하고 있었다.

"예전에 본 영화에서 주인공이 '와인은 정신을 일깨우게끔 던지는 돌멩이와 같다'고 했는데 그 말이 되게 인상적이었어요. 술이 어떻게 정신을 일깨울까, 그런 생각을 했거든요. 나중에 찾아보니 영국 속담이더라고요. 사실, 지금도 그 말의 의미가 가슴 깊이 확 와닿진 않아요. 그런데, 이렇게 와인잔을 가볍게 돌리고 향을 맡을 때면 살짝 설레요. 마치 뭔가 새로운 것을 찾아 여행을 떠나고 싶은 마음이 든다고 할까."

도나가 꽤 진지하게 말하는 동안 홍 대리는 고개를 끄덕였다. 그 역시 그랬다. 와인에다 꼭 과도한 의미를 붙이고 싶은 것도 아닌데 새로운 와인을 마실 때면 자신의 삶도 원하는 방향으로 활기차게 운행시킬 수 있을 것 같다는 기분이 들었다.

"많은 사람들이 '원하는 대로 이루어지기 마련이다'라는 말을 하잖아. '원한다'는 말에는 '간절히 바란다'는 의미가 들어 있는 거겠지. 간절히 바라면 행동하게 되고, 행동하다 보면 원하는 것을 얻게 되고. 요즘은 정말 그럴 수도 있겠다는 생각이 들어."

"정말 그럴까요?"

"당연하지. 도나 씨와 와인을 마시기를 간절히 바랐기 때문에 지금 함께 있는 것처럼. 구매팀이 아니라 상품개발팀에서 일하고 싶다고 했던 말 기억나?"

"그럼요. 며칠이나 됐다고."

"이번엔 정말 이루고 싶어. 도나 씨가 옆에서 지켜봐 줘. 결국 그렇게 될 거니까."

홍 대리는 가슴 깊이 숨겨 둔 말을 꺼내 놓고는 어쩐지 멋쩍어져 머리를 긁적였다. 그 모습이 우스웠던지 도나는 홍 대리의 어깨를 토닥토닥 두드렸다.

"홍 대리님, 뭔들 못하겠어요? 간절히 바라는 건 이루어지게 되어 있으니까, 꼭 해내요."

같은 품종의 여러 원산지 와인 맛보기

"디켄터군. 고맙긴 하지만 다음부터는 이런 선물은 하지 말게. 요즘 자네 돈 들어갈 데도 많지 않은가."

방 선생은 홍 대리의 마음이 상하지 않게 따뜻한 어조로 말했다.

"네. 그렇지만 선생님께 받기만 하는 것도 면목이 없어서요."

"하하하, 저번에도 말하지 않았는가. 덕분에 나도 도움이 되고 있다고. 그나저나 이 물건의 용도는 알고 있겠지?"

홍 대리는 방 선생이 들고 있는 디켄터에 눈길을 주며 마치 밤 새 암기라도 한 것처럼 줄줄 말하기 시작했다.

"레드 와인은 껍질과 씨를 같이 으깨어 숙성시키기 때문에 침전물이 남아 있을 수밖에 없습니다. 특히 오래된 와인은 저장 과정에서 탄닌과 색소들이 서로 뭉쳐서 침전물 형태로 가라앉기도 하고요. 그렇게 되면 와인의 색이 탁해지고 탄닌은 부드러워집니다. 그러나 병에 있는 와인을 디캔터에 옮긴 후 다시 와인잔에 따르면 침전물도 걸러지고 와인 고유의 향도 살릴 수 있죠. 그러니까, 디캔터는 와인병에 가라앉아 있는 침전물을 와인과 분리하기 위해 사용하는 물건입니다."

"하하하, 자네는 정말 좋은 학생이야. 만약 제대로 설명을 못하면 선물을 되돌려줄 생각이었네."

"그건 심한데요. 정말 그럴 생각이었어요?"

"그럼, 그럴 생각이었지. 하지만 다행히도 그런 불상사는 일어나지 않았잖은가. 선생으로서 한 가지 보탠다면 디캔팅은 말 그대로는 '옮겨 붓기'라는 뜻이라네. 디캔팅을 통해 침전물을 분리해낼 수 있는데, 이것 말고도 옮겨 붓기를 통해 와인과 공기의 접촉을 짧은 시간 내에 촉진해 와인이 지닌 다양한 풍미가 잘 발현되도록 통풍(aeration)시킬 수도 있지. 침전물 제거는 숙성된 와인에서 주로 필요하고, 통풍은 영(young) 와인에서 더 필요하다네. 그나저나 선물 사느라 과제를 잊은 건 아니지?"

"여기 있습니다."

방 선생은 레드 와인의 테이스팅 노트부터 읽고 나서는 희미하게 웃었다. 그것을 감지한 홍 대리는 머리를 긁적이며 물었다.

"어, 문제가 많나요?"

"아니, 더할 나위 없이 만족하네. 네비올로에서 피노 누아와의 유사성도 느꼈다는 건 선생인 내게는 고무적인 일인걸. 다만……."

"다만요?"

"카이켄 울트라 말벡 2009에서 탄닌의 느낌이 부드럽고 무겁지 않아 편안하게 즐길 수 있고 가장 마음에 들었다는 글을 보니 자넨 아직까지는 와인의 깊은 떫은맛에 익숙하지 않다는 걸 알 수 있어서 말일세."

"하하하, 아직까지는 풍부하고 직설적인 과일 맛이 익숙하네요."

"와인에 맛을 들이다 보면 떫은맛의 깊이를 좀 더 즐기게 될 걸세."

"저도 그럴 거라 생각합니다."

"말벡은 향이 강한 치즈나 다크초콜릿 디저트와도 잘 어울리는 와인이지. 그렇게 한번 마셔 보게."

"네."

"흠…… 그럼 이번엔 화이트 와인의 테이스팅 노트를 볼까."

덜 알려진 품종의 화이트 와인 5종

1. 세미용

(미국 워싱턴주산) 레콜 넘버 41 컬럼비아 밸리 세미용(L'Ecole No.41 Columbia Valley Semillon) 2008

맑은 지푸라기 빛깔이 가벼운 느낌이었습니다. 하지만 복잡 미묘한 과실 향 뒤로 오크 향이 은은히 느껴지더군요. 그래서 알아보았더니 프랑스산 오크통에서 6개월간 숙성을 거친 와인이더군요. 감귤과 멜론, 미네랄이 느껴졌고 크림처럼 풍부한 질감을 지니고 있지만 산도가 적당해 전체적으로 자연스러운 느낌을 주었습니다.

2. 프랑스 론 지역의 화이트 품종

(호주산) 얄룸바 에덴 밸리 비오니에 (Yalumba Eden Valley Viognier) 2010

옅은 황금 빛깔에 풍부한 봄꽃 향기가 견과류 향과 조화를 이루는 와인이었습니다. 한 모금 입안에 머금어 보니 풍부한 맛을 느낄 수 있더군요. 마치 입안 가득 봄 향기가 차 있는 것 같은 느낌이었습니다. 또 복숭아 향이 감도는 듯한 깊은 뒷맛이 인상적이었습니다. 유질감이 느껴지는 윤택한 와인으로 산도는 다소 낮은 편이었습니다.

3. 모스카토

(이탈리아 피에몬테산) 아랄디카 모스카토 다스티(Araldica Moscato d'Asti) 2011

다른 화이트 와인에 비해 가격대가 비교적 저렴했습니다. 거봉 포도와 라임 같은 과일 향이 풍부하고 입안에 한 모금 머금었더니 달콤하더군요. 약발포성(스파클링) 와인이라 그런지 탄산이 사이다와 비슷하게 느껴졌습니다. 그 때문에 뒷맛이 꽤 상쾌하더군요. 달콤한 와인을 마시며 분위기를 전환하고 싶을 때 이 와인을 선택하면 적절할 것 같았습니다.

4. 소아베

(이탈리아 베네토산) 체사리 소아베 클라시코(Cesari Soave Classico) 2010

녹색 음영이 약간 감도는 연한 담황색을 띠고 있었습니다. 은은한 풀 내음이 느껴지더군요. 약간 톡 쏘는 듯한 첫 맛에 이어 즙이 많은 배의 맛과 아몬드를 씹은 것처럼 약간 쌉쌀한 뒷맛이 났습니다. 단맛이 거의 나지 않는 대신 가볍고 산뜻한 맛이 입안을 깔끔하게 만들더군요. 비릿한 음식이랑 함께 마시기에 적절한 와인이었습니다.

5. 프로세코

(이탈리아 베네토산) 자르데토 프로세코 넌 빈티지(Zardetto Prosecco None Vintage)

옅은 지푸라기 빛깔에 신선한 청사과 향이 기포를 타고 톡톡 올라오는 것이 매우 매력적이고 유쾌한 발포성 와인이었습니다. 탄산이 강한 편이지만 하얀 거품과 부드러운 감촉이 우아한 맛을 연출하더군요. 땀을 흘리고 난 후에 마시거나 연인과 마시기에 딱 좋을 것 같다는 생각이 들었습니다.

홍 대리가 생각하기에는 방 선생이 테이스팅 노트를 다 읽은 것 같은데도 여전히 그 노트에서 눈을 떼지 않고 있는 것처럼 보였다. 그러자 괜히 애가 닳았다. 차라리 이메일로 전했으면 바로 눈앞에서 읽는 모습을 보지 않아도 되었을 텐데 싶어 직접 들고 온 것이 후회되기도 했다. 하지만 고개를 든 방 선생의 표정이 밝은 것을 보고는 곧 안도했다.

"발포성 와인이 무엇인지 바로 설명해줄 수 있겠나?"

"그야…… 거품이 많이 나는 와인이죠. 일반 와인과 발포성 와인은 거품 여부에 따라 구별이 되죠."

"그럼 발포성 와인은 어떻게 만드는지도 알고 있겠군."

"일반 와인에 설탕을 추가해 인위적으로 다시 발효를 유도한 다음 와인 속에 기포를 만드는 것으로 알고 있습니다. 그다음 질문은요?"

"하하하, 알았네 알았어. 질문은 이쯤에서 그만두지. 이제는 네 번째 과제를 할 차롄가. 자, 보시게."

홍 대리는 방 선생이 건네준 메모를 바로 그 자리에서 읽어 보았다.

네 번째 과제

동일 품종으로 만들어진 여러 원산지 와인 마셔 보기

- 서로 다른 원산지 다섯 곳의 카베르네 소비뇽, 서로 다른 원산
  지 다섯 곳의 샤르도네 마셔보기

- 품종은 반드시 같아야 하고, 빈티지는 동일 빈티지를 원칙으로
  하되 불가능할 경우 되도록 1~2년 정도만 차이 나는 것으로 할
  것. 예를 들어 레드 와인이라면 2008이나 2009 빈티지, 화이트
  와인이라면 2009나 2010 빈티지 정도가 구하기 좋을 걸세.

- 어떤 품종이든 같으면 되지만, 가장 보편적이고 널리 재배되는
  품종을 택할 것.

레드 – 카베르네 소비뇽
화이트 – 샤르도네

- 하루에 레드 와인 다섯 개와 화이트 와인 다섯 개를 모두 맛보
  지 말고, 레드 와인과 화이트 와인에 각각 하루씩 배정할 것.

과제를 다 읽은 홍 대리가 고개를 갸웃거리자 방 선생이 왜 그
러냐고 물었다.

"품종도, 빈티지도 같으면 맛이 거의 비슷하지 않나요?"

"하하하, 그렇게 생각할 수도 있겠지만 결론부터 말하자면 전혀
달라. 포도 품종과 빈티지를 같게 하고 원산지만을 달리해서 마셔
야 하는 이유는 바로 '테루아(Terroir)'를 느껴 보기 위해서야. 테루

아가 뭔지 궁금하겠지? 테루아는 포도 품종과 함께 와인을 이해하는 데 가장 기초적인 배경지식이 되지만 깊게 얘기하자면 몇 날 며칠 밤을 새워도 모자랄 만큼 심오한 개념이라네. 프랑스 사람들은 테루아를 거의 예술이나 철학의 수준으로까지 정립했지.

우선은 아주 쉽게 말해서 포도나무를 둘러싼 자연환경의 총합이라고 해두지. 거기에는 일조량, 강우량, 바람의 세기, 포도밭의 경사도, 일조 방향, 토양의 두께 및 성분 등이 있다네. 요즘은 거기에다가 포도 농사를 짓는 사람도 포함시켜 말하곤 한다네. 이 각각의 요소는 개별적으로나 전체적으로나 와인에 지대한 영향을 미치는데, 지금은 뭉뚱그려 하나의 총합으로 이해하면 되네. 즉 더운 테루아, 추운 테루아 이런 식으로 말이야.

그리고 사람, 즉 인간이라는 요소를 테루아에 포함하는 이유는 좋은 테루아를 타고났는데도 그 나라, 그 사회에 속한 사람들이 그것을 알아보지 못하거나 타고난 가능성에 걸맞게 키워 주지 못하면 자연조건은 빛을 발할 수가 없기 때문이지. 마치 원석도 훌륭한 보석 세공사의 손을 거쳐야 비로소 아름답게 빛나는 것과 같은 이치야.

말이 길어졌는데 테루아가 너무 복잡한 개념이라고 지레 포기하는 일은 없었으면 좋겠네. 사실은 테루아라고 부르지 않았을 뿐이지 그 개념은 이미 오래전부터 우리 삶 속에도 자리 잡고 있었다네. 예를 들면, 우리나라의 고창은 수박으로 유명하고 상주는 곳감으로 유명하지 않은가. 고창과 상주는 수박과 감의 재배에 아주 적합한 테루아를 가지고 있다는 것일세. 설령 고창의 김씨 농부가 똑같은 수박 종자를 똑같은 열정과 노하우를 가지고 고창이 아닌 다른 지역에서 재배한다고 해도, 고창 수박과 같은 품질의 수박을 재배할 수는 없을 거야. 그건 결국 테루아의 차이 때문이라고 볼 수 있지."

"아! 그렇군요. 테루아라…… 왠지 기대가 되는걸요."

"테루아에 흥미를 느낀다니 다행이군. 와인의 특징은 아무래도 다채로움이지. 토양과 기후, 품종에 따라 와인의 맛이 결정되니까. 구세계 와인이 구세계 와인의 고유성을 가지고 있다면, 신세계 와인 또한 신세계 와인만의 고유성을 가지고 있지. 그런 면에서 보면, 굳이 구세계 와인과 신세계 와인 중 어느 것이 더 좋은지를 따질 필요가 없다네. 편견 없이, 그 와인만의 특징을 즐기는 것이 바른 자세라고 할 수 있지."

"그렇군요. 사실, 와인을 구세계 와인과 신세계 와인으로 구분하고 있는 것도 몰랐어요. 와인 하면 프랑스 와인만 떠올리는 수준이었으니까요."

"하하하, 그럴 만도 하지. 프랑스는 와인의 본고장이니까. 프랑스는 포도를 재배하기에는 천혜의 기후 조건을 지니고 있지. 게다가 와인에 대한 그들의 사랑이 그 특별한 명성을 지켜 왔다고 할 수도 있어. 그들이 1년 동안 소비하는 와인만 해도 1인당 평균

50리터나 될 정도니까. 우리나라 사람들이 평균 0.9리터를 마시는 것과 견주어 보면 확실히 와인 소비량이 많은 편이지.”

“선생님께서 권하셨던 프랑스 와인 모두 그 맛이 훌륭했어요. 보르도와 부르고뉴 말고도 유명한 상품들이 많겠군요.”

“자네 말대로일세. 보르도, 부르고뉴, 샹파뉴를 중심으로 론, 루아르, 알자스, 랑그독-루시용 등 세계적으로 유명한 와인 산지가 꽤 많지. 갖가지 타입과 개성을 가진 와인을 만들고 있을 뿐 아니라 저마다 품질도 뛰어나. 게다가 프랑스에서 1935년에 제정한 원산지 명칭 통제법(AOC)이 와인의 산지와 개성을 지키는 데 일조했지. 그 덕에 와인 애호가들의 신뢰를 얻기도 했고.”

“프랑스 남서부에 위치한 보르도 지역이 세계적으로 가장 큰 규모의 고급 와인 생산지라는 걸 책에서 읽은 적이 있습니다. 보르도는 세계에서 가장 우수한 품질의 와인을 생산하는 지역이라고 하더군요. 그 지역은 다른 지역에 비해 토양이 비옥한가요?”

“꼭 그렇지만은 않네. 비옥하지는 않지만 배수가 잘되는 토양이지. 심지어는 봄에도 서리가 내리기도 한다네. 대신 날씨가 적당히 온화해 우수한 품질의 포도가 생산되는 걸세. 메독, 그라브, 포므롤, 생테밀리옹 등이 그 지역의 대표적인 와인이야.”

“프랑스가 와인으로 유명하긴 해도 와인을 가장 다양하게 많이 생산하는 국가는 이탈리아라고 들었습니다. 사실, 프랑스가 아니라는 데 조금 놀랐어요. 이탈리아는 포도를 생산하기 좋은 기후 조건이라 그런가요?”

홍 대리는 대화가 깊어질수록 점점 더 흥미를 느끼며 그동안 궁금했던 점을 물었다. 방 선생은 눈까지 빛내며 질문하는 그를 흐뭇하게 보고는 와인 냉장고에서 와인 한 병을 들고 왔다.

“마셔 보게.”

방 선생이 건네준 와인은 검은 체리와 자두, 볶은 원두, 새 가죽지갑 등의 향이 매혹적이기까지 했다.

“지금 마시는 건 이탈리아 와인의 본고장이라 할 수 있는 토스카나 지방에서 만든 라 마사(La Massa)라는 와인의 2007년 빈티지라네. 나폴리 태생이면서 토스카나의 천재 양조가로 불리는 잠파올로 모타(Giampaolo Motta)의 작품이야. 이탈리아 와인은 지역에 따라 독특한 맛과 향이 나는 것으로 유명하지. 북부 알프스 산맥 기슭에서부터 남부 지중해 연안에 이르기까지 산지별로 토양과 기후가 다르기 때문이야. 게다가 이탈리아는 따뜻한 지중해 옆에 있기 때문에 국토 전체가 포도 재배에 적합하다고도 할 수 있네. 자네 말마따나 포도를 생산하기에 좋은 기후 조건이지.

프랑스의 원산지 명칭 통제법인 AOC를 모방해 이탈리아도 1963년에 와인 생산의 품질관리 체계인 DOC법을 확립했다네. 그 덕분에 이탈리아도 원산지 특유의 맛과 향을 계속 보존할 수 있게 된 것이지.”

“구세계 와인 중 대표적인 것은 프랑스 와인과 이탈리아 와인이라고 할 수 있겠군요."

"독일 와인도 빼놓을 수 없지. 독일은 재배지가 넓지 않아 와인 생산량이 많은 편은 아니지만 그 나라 고유의 특성을 가진 고품질의 와인을 생산하고 있다네. 독일은 테루아의 미묘한 차이가 그대로 반영되는 고급 화이트 와인의 천국이야."

"아 잠깐만요, 선생님."

홍 대리는 방 선생의 말을 듣다 말고 가방 속을 뒤적거렸다.

"그냥 듣기만 하면 잊어버릴 것 같아서요. 중요한 건 메모를 해야겠어요."

방 선생은 호탕하게 웃더니 홍 대리에게 '좋은 학생'이라고 농담처럼 말했다.

"준비 완료했습니다, 선생님."

홍 대리는 필기구를 앞에 두고 방 선생이 다음에 할 말을 기다렸다.

"흠…… 또 무슨 말을 해줘야 하나?"

"구세계 와인에 대한 설명을 하셨으니 신세계 와인에 대해서도 설명해 주셔야죠."

"하하하, 그런가."

"그럼요, 균형을 맞춰야죠."

"신세계 와인은 유럽의 침략 역사와 관련이 깊지. 다시 말하면, 구세계가 침략을 당해 유럽의 문화가 흘러 들어간 것이지. 이런 말을 들어 본 적 없나? 예전 유럽에서 타국을 침략할 때, 십자가가 제일 먼저 앞장을 서고 그 뒤를 군대가 따른다는 말. 유럽의 종교 인들은 신세계 곳곳에 성당을 세웠지. 그들의 미사에 꼭 필요했던 것이 빵과 포도주였다네. 빵은 예수님의 영과 육을, 포도주는 예수 님의 피를 상징했지.

그런데 유럽에서 포도주를 조달하려니 한계가 있었지. 그 한계 를 극복하기 위해 신세계에서도 포도주를 생산했던 거라네. 처음 에는 토양과 기후가 다르기 때문에 유럽 와인과 같은 질 좋은 포 도주를 생산해 낼 수는 없었어. 하지만 여러 가지 시행착오를 겪 은 후 신세계의 특성을 살린 와인을 생산해 낼 수 있었지. 유럽의 포도 품종을 도입하고, 그들의 기술을 전수받아 와인 양조를 근대 화했고, 더 나아가 자신들의 독자성을 갖게 된 거야.

신세계 와인 중에서도 우리나라 와인 대중화에 큰 기여를 한 건 바로 호주 와인이라네. 1990년대 초에 이민자들과 유학생들을 중 심으로 우리나라에 널리 퍼지기 시작했지. 호주 와인은 잘 익은 과일 맛과 특히나 향기로운 과일 느낌이 풍부했기 때문에 우리나 라 사람들이 마시기에 거부감이 없었지. 주요 품종인 카베르네 소 비뇽이나 쉬라즈는 풍부한 과일 맛과 적당한 탄닌을 함유하고 있 어.

호주에서는 라이트 와인을 비롯해 늦게 수확하여 당도가 풍부 하게 농축된 포도로 만든 디저트 와인까지 다양한 와인을 만들어

내고 있지. 호주 와인의 60퍼센트가 남부 지역에서 만들어진다네. 저급한 와인에서부터 최고급 와인까지 그 종류도 다양하지. 이곳에서 생산되는 와인 중에는 세계적 명품인 그레인지(Grange)나 힐 오브 그레이스(Hill of Grace)도 있다네.”

“마트에 가보니 칠레산 와인이 많더라고요. 그래서 저는 칠레산 와인이 우리나라 와인 대중화와 관련이 깊은 줄 알았어요.”

“하하하, 그것도 맞는 얘기야. 다만 호주 와인은 칠레 와인보다 먼저 시장의 기저를 형성하는 데 중요한 역할을 했어. 그리고 칠레 와인 수입은 한-칠레 FTA 체결 이후에 급물살을 탔다네. 칠레산 와인은 가격 대비 품질이 워낙 우수하다 보니 많은 사람들이 쉽게 애용하는 편이지. 최근에는 유럽이나 미국의 유명 회사들이 합작 투자를 통해 프리미엄급 와인 생산에 발 벗고 나서고 있어.

칠레 와인은 점점 고급화되고 있어서 향후 5년 이내에 평론가들에게 만점을 받는 칠레 와인이 나와도 전혀 놀랄 일이 아닐 걸세. 그리고 ‘쥐라기 공원’ 품종이라는 별명으로 불리는 카르메네르(Carmenere) 품종을 전략적으로 집중 육성하고 있어서 독자적인 와인 산지로서 더욱 가치를 인정받게 될 거야.”

“쥐라기 공원?”

“〈쥐라기 공원〉이란 영화가 이미 멸종한 공룡이 어느 외딴 섬에서 번성한다는 얘기 아닌가? 프랑스 보르도에서는 재배하기가 까다로워 다들 손을 놓아 버려 전멸했다고 여겨진 카르메네르 품종이 외딴 칠레에서 번성하고 있기에 붙여진 이름이지."

홍 대리는 그의 말을 놓치지 않기 위해 빠르게 필기를 하면서도 머릿속에 떠오르는 질문을 잊기 전에 써두기까지 했다. 방 선생은 필기하는 동안 기다려 주며 어깨 너머로 수첩을 슬쩍 봤다. '미국산 와인은?'이라는 글이 눈에 띄자 홍 대리가 묻지도 않았는데 바로 미국산 와인에 대한 설명을 하기 시작했다.

"미국도 최고의 와인을 생산하는 국가 중 하나지. 캘리포니아의 기후와 토양은 높은 품질의 와인을 재배할 수 있는 이상적인 환경을 제공하고 있기 때문이야. 미국에서 와인 산업이 시작된 건 대략 200년 전이지만 위스키 사업의 발달과 금주령으로 와인 산업에 그다지 박차를 가하진 못했다네. 하지만 1960년대 중반에 나파 밸리에서 로버트 몬다비(Robert Mondavi)를 필두로 한 소수의 선구자들이 세계적 수준의 와인을 잇달아 내놓으면서 이 지역의 위상을 완전히 뒤바꿔 놓았지. 그뿐 아니라 놀라운 리더십과 협동 정신으로 지역 공동체의 공존 공영 모델을 확립하기까지 했네.

미국은 다양한 범위의 뛰어난 와인을 생산하고 있다네. 레드 와인으로는 카베르네 소비뇽과 메를로, 진판델이, 화이트 와인으로는 샤르도네와 소비뇽 블랑이 유명하고 품질 좋은 스파클링 와인도 생산된다네.

미국에서 와인을 가장 많이 생산하는 지역은 캘리포니아야. 미국 전체 생산량의 90퍼센트나 될 정도니 어마어마한 양이라고 할 수 있지. 가장 유명한 포도 재배 지역으로는 나파 밸리라는 곳이 있어. 그곳은 샌프란시스코 북쪽에 자리 잡고 있는데, '나파'라는 말은 인디언 말로 '많다'라는 뜻이라고 하더군. 나파 밸리 지역 다음으로 유명한 와인 생산 지역으로는 소노마가 있지. 소노마는 태평양 해안에 가깝고 기후가 온화하여 포도 재배에 적합하다네.

　캘리포니아 다음으로 큰 와인 산지는 워싱턴주야. 특히 워싱턴주 동편에 있는 컬럼비아 밸리를 중심으로 발전해 있지. 시애틀은 비가 많이 와서 포도 재배에 적합하지 않지만 컬럼비아 밸리는 덥고 건조한 기후로 포도 재배가 용이하거든. 캘리포니아는 프랑스 보르도가 원산지인 카베르네 소비뇽에 있어서 보르도와 진검 승부를 겨룰 만큼 성장했다고 해도 과언이 아니야. 그리고 일명 캘리포니아 스타일의 샤르도네 역시 팬들이 많은 편이지. 워싱턴주는 레드 와인에서는 메를로, 화이트 와인에서는 리슬링으로 그 명성을 확립하고 있네."

　"선생님께서 와인은 그 지역의 역사·문화와 관련이 깊다고 하신 말씀이 이해가 되는군요. 좀 더 공부하고 싶다는 생각이 들어요."

　"그런 지식이 없다고 해서 와인의 맛을 느끼지 못하는 건 아니야. 자신의 오감을 믿고 오감을 사용해 와인을 즐기기만 해도 문제될 것은 없다네. 하지만 이왕이면 좀 더 많은 것을 아는 것이 와인의 맛을 이해하는 데 도움이 되겠지. 무엇보다 말일세, 와인의 가치는 다양함을 즐기는 데 있다네. 다양성을 인정하지 못하면 지역과 품종에 따라 달라지는 와인의 맛을 편견 없이 받아들이기가 힘들어. 와인을 제대로 즐기다 보면 와인뿐 아니라 다른 것에 대해서도 훨씬 다채로운 시각을 가질 수 있을 걸세.

와인을 즐기는 데 이러한 자세가 지식을 쌓는 것보다 더 중요하다는 것을 기억하게. 다양함을 즐기려면 새로운 것에 대한 두려움을 가져서는 안 되네. 익숙한 것만을 고집하기보다는 익숙하지 않은 것에 도전하는 정신도 필요하지. 이러한 정신은 와인이 주는 선물과도 같은 것이라네."

방 선생은 어느 때보다 힘주어 말했다. 그의 어조에 들어 있는 어떤 의지가 홍 대리의 마음도 꽤나 들뜨게 했다.

'와인이 주는 선물……'

홍 대리는 그 말을 가만히 되새겼다.

와인에 어울리는 글라스를 선택하는 법 Tip

와인은 적정 온도에서 좋은 와인잔으로 맛볼 때가 가장 맛있다. 세계적인 와인 글라스 브랜드 리델과 슈피겔라우의 소유주인 게 오르크 리델은 "와인 글라스는 와인의 메시지를 전달해 주는 메신저다"라는 말로 와인 글라스의 기능을 함축적으로 표현한 바 있다. 와인에는 아낌없이 투자하면서도 정작 좋은 글라스를 장만하는 데는 인색한 사람들이 의외로 많은데, 좋은 글라스를 사용하면 와인이 두 배로 맛있게 느껴질 수 있다는 얘기는 괜한 얘기가 아니다.

좋은 와인 글라스란?

- 두께가 얇은 것
- 와인의 향을 담을 수 있도록 충분히 큰 것
- 끝 부분이 안쪽으로 휘어 향이 날아가지 않게 모아 둘 수 있는 것
- 와인의 색을 잘 볼 수 있도록 투명하며, 각지지 않고 별도의 장식이 없는 것

와인 글라스의 구성

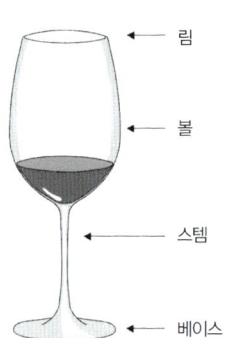

- 림(Rim) : 실제로 입에 닿는 부분
- 볼(Bowl) : 액체가 담기는 부분
- 스템(Stem) : 볼과 베이스를 연결하는 줄기
- 베이스(Base) : 잔을 지지하는 밑받침 부분

림

볼

스템

베이스

와인 글라스의 종류

크게는 레드 와인 글라스, 화이트 와인 글라스, 스파클링 와인 글라스로 구분할 수 있다. 그리고 다시 중요한 원산지 또는 포도 품종별로 최적화된 글라스로 나뉘므로 어렵고 복잡할 수도 있지

만, 실제로 일일이 구비할 필요는 없다. 어지간한 상급 애호가들조차 보르도 레드 글라스, 부르고뉴(버건디) 글라스, 화이트 와인 글라스, 스파클링 와인 글라스만 있으면 충분하다.

와인 글라스의 형태 (예)

보르도 글라스 – 레드 와인

부르고뉴(버건디) 글라스 – 레드 와인

화이트 와인 글라스

스파클링 와인 글라스

와인 글라스 선택의 기본 원리

풍미의 양과 강도에 따라 글라스의 크기가 정해진다. 풍미가 가볍고 약한 와인을 큰 글라스에 따르면 와인의 풍미가 더욱 약하게 느껴지고, 풍미가 풍부하고 힘찬 와인을 작은 글라스에 따르면 와인이 본연의 맛을 충분히 보여 주지 못한다.

기본적으로 레드 와인에는 큰 글라스를, 화이트 와인에는 작은 글라스를 이용한다. 레드 와인은 화이트 와인에는 별로 없는 탄닌이 있고, 오크 숙성 역시 화이트 와인에 비해 길고 강하게 하는 것이 일반적이다. 따라서 레드 와인이 화이트 와인에 비해 풍미의 양이 풍부하고 강도가 강하다.

와인 글라스의 사용법

와인을 따를 때는 볼의 최대 직경 지점까지만 채운다. 나머지는 향기를 채우는 공간이며, 그 이상으로 따르면 잔을 돌리는 스월링을 할 때 와인이 넘쳐 낭패를 볼 수도 있다.

스월링은 글라스의 스템 부분을 잡고 돌리는 것으로, 와인과 산소의 접촉을 짧은 순간 극대화해 와인 향이 잘 발현되게 한다. 향도 화학물질이며, 분자구조가 가벼운 향은 먼저 피어나고 복잡하고 무거운 향은 서서히 피어난다. 스월링을 하면 알코올의 기화가 촉진되어 향이 좀 더 쉽게 올라온다. 오크, 견과류 등은 무거워서 밑에 깔려 있다가 올라오는 향이고, 과일이나 꽃의 향은 가벼워서 가장 즉각적으로 느낄 수 있는 향이다.

와인은 지역별로 뭐가 다르죠?

"흐응, 이런 분위기였구나."

도나는 소파에 앉을 생각은 않고 홍 대리의 집을 쓰윽 둘러보며 말했다.

"이런 분위기라니? 어떤 분위기?"

"딱 남자 혼자 사는 분위기. 인테리어는 깔끔하지만 어딘지 어질러져 있는 분위기."

홍 대리는 푸이이 퓌세(Pouilly Fuisse) 2009를 따르며 말했다.

"내참, 어서 앉아요. 그러다 집 무너집니다."

"오후에는 한강 공원에 가볼까요? 아, 날이 너무 춥나? 그래도 황금 같은 토요일을 집에서만 보낼 수는 없잖아요."

"그러지 뭐. 그런데 추위에 약하잖아?"

"그래도. 아, 이거 뭐예요? 향이 정말 좋은데요."

"푸이이 퓌세야. 부르고뉴의 화이트 와인 중에서도 유명세를 떨치는 와인 중 하나지만 가격은 착한 편이지. 생산자는 부르고뉴의 명문 네고시앙 부샤 페레 피스."

"그래요? 이번 과제를 쓴 종이 좀 보여 줘요. 알고 마시게."

홍 대리는 방 선생의 메모뿐 아니라 구세계 와인과 신세계 와인을 정리해 둔 수첩도 보여 주었다. 도나는 그 글을 진지하게 읽더니 고개를 끄덕이기도 하고 자기 수첩에 옮겨 쓰기도 했다.

"그럴 필요 없는데. 나중에 정리한 걸 다 볼 수 있을 거야."

"따로 정리해 두고 있어요?"

"응. 일단 한글 파일에 저장해 두고 있어."

"그래요? 보기와 달리 꼼꼼하시네요. 아, 혹시…….'

"혹시, 뭐?"

"따로 정리하는 이유가 다른 곳에 사용하기 위해서 아니에요?"

"다른 곳?"

"이를테면 카페나 블로그에 올린다거나."

"맞아, 카페. 와인 동호회 만들어 보려고."

"잘 생각했어요. 언제요?"

"아마 다음 주쯤. 어느 정도 자료를 구비해 둬야 하니까."

"바쁘네."

"주도적으로 일을 하는 느낌이 들어서 좋아."

"도울 일이 있으면 말해요. 카페 꾸미기, 카페 매니저, 카페 홍보 등등 전천후니까."

"말만 들어도 고맙네."

홍 대리는 푸이이 퓌세를 마시다 말고 환하게 웃으며 말했다.

"아! 이건 그야말로 흰 꽃과 흰색 과일들의 하모니네. 도나 씨는 어때?"

"저도 그래요. 그런데 오크 나무 느낌도 조금 느껴져요."

"나도 그래. 하지만 그런 면 때문에 오히려 좋은데. 이번에는 캘리포니아 소노마산 샤토 생 진 샤르도네(Chateau St. Jean Chardonnay)를 마셔 볼까?"

"아, 그건 내일."

"왜?"

"어휴, 선배. 벌써 잊었어요? 방 선생님이 레드와 화이트를 하루에 하나씩 마시라고 했잖아요."

"그럼 레드 와인 하나 선택해 마시지."

"배고파요."

"이런, 그러고 보니 오자마자 와인만 마셨구나."

"밥까지는 아니어도 와인 안주 정도는 구비해 두지."

"미안 미안. 집에 먹을 음식이 없다는 걸 깜빡했어. 나가자. 맛있는 거 사줄게."

홍 대리는 정말 민망해하며 그녀를 일으켜 세웠다.

"배고파서 걸을 힘도 없지만 해먹는 건 더 싫으니까 나가는 거예요. 아, 이참에 마트에 들러서 와인에 어울리는 치즈도 구입해요. 그건 내가 집들이 선물로 사줄게."

"이사한 것도 아닌데, 무슨 집들이?"

"어쨌든, 나는 처음 방문하는 거잖아. 가요."

도나는 숫제 홍 대리의 등을 떠밀며 쾌활하게 말했다.

방 선생은 홍 대리가 정리한 보고서를 읽다 말고 갑자기 웃음을 터뜨렸다. 그 이유를 대충 눈치 챈 홍 대리는 멋쩍게 머리를 긁적였다.

 네 번째 과제에 대한 보고서

원산지 다섯 곳의 카베르네 소비뇽

1. 프랑스 보르도 마고산

샤토 노통 2008

밝은 루비 빛깔에 붉은 과일의 향이 유연하게 풍기는 편안한 와인이었습니다. 또한 알코올 향이 그다지 강하지 않아 온화하면서도 부드러웠습니다. 섬세하면서도 기품 있는 맛이 인상적이었습니다. 예전에 맛본 이 와인의 2005 빈티지가 2008 빈티지보다 구조적으로 더욱 강건하고 풍미의 복합성이 더욱 좋았습니다.

2. 미국 캘리포니아 나파 밸리산

– 이니스프리 카베르네 소비뇽(Innisfree Cabernet Sauvignon) 2009

루비 빛깔에 과일 향이 신선한 와인이었습니다. 적당한 응집도가 느껴지며 다양한 붉은 과일 느낌이 났는데 절제된 오크 사용으로 풍미는 매우 신선합니다. 나파 밸리는 더운 테루아로서 훨씬 응집도가 높고 때로 과숙한 향과 맛을 보여 줄 수 있는데, 이 와인에서는 신선한 풍미와 명쾌한 밸런스를 경험할 수 있었습니다. 그럼에도 앞서 맛본 샤토 노통에 비해서는 좀 더 직설적이고 두툼한 과일의 느낌을 주었습니다.

3. 호주산

울프 블라스 프레지던트 셀렉션 카베르네 소비뇽(Wolf Blass President's Selection Cabernet Sauvignon) 2009

가장 개성이 강하고 기억에 남는 와인이었습니다. 깊고 풍부한 자줏빛을 띠었으며 블랙베리, 민트, 초콜릿, 담배, 허브 등이 혼합된 듯한 복합적인 향이 느껴지더군요. 다양한 풍미를 느낄 수 있었고 게다가 탄닌과 어울려 여운이 강하게 남았습니다. 특히 민트 향이 인상적이었습니다.

4. 칠레산

카네파 피니시모 카베르네 소비뇽(Canepa Finisimo Cabernet Sauvignon) 2009

 남미 와인답게 매우 짙은 루비 빛깔이 감돌더군요. 검고 단단한

베리류 과일 향이 강렬하게 올라오는 가운데 슬며시 퍼져 나오는 고소한 오크 향과 초콜릿 향이 인상적이었습니다. 풍부하지만 부드러운 탄닌과 균형감을 잘 이루고 있는 과일과 오크의 풍미가 조화로웠는데, 전반적으로 칠레 와인은 첫인상은 강렬하지만 온화한 면을 함께 지니고 있는 것 같습니다.

5. 아르헨티나산

카이켄 울트라 카베르네 소비뇽(Kaiken Ultra Cabernet Sauvignon) 2009

짙은 루비 빛에 완숙한 과실의 풍미가 중후하게 느껴진 와인이었습니다. 블랙커런트, 블루베리, 말린 허브, 초콜릿 등의 향이 복합적으로 느껴졌으며 탄닌의 풍모가 묵직하면서도 부드럽게 입안에서 존재감을 보여 주더군요. 안정적이고도 긴 여운이 인상적이었습니다.

원산지 다섯 곳의 샤르도네

1. 프랑스 부르고뉴 코트 드 본 지역

부샤 페레 피스 푸이이 퓌세(Bouchard Pere & Fils Pouilly Fuisse) 2010

광택이 도는 연한 금빛의 와인이었습니다. 오크 느낌이 없고 신선한 과일의 풍미를 한껏 발휘하는 가운데 구조감이 비교적 꽉 차 있었습니다. 드라이하며 미묘한 풍미와 충분한 산도를 지녀 거의 모든 생선 요리와 더불어 마시기에 매우 적절하다는 느낌을 받았습니다.

2. 프랑스 부르고뉴 샤블리산

윌리엄 페브르 샤블리(William Fevre Chablis) 2010

이 와인은 몇 번 마셨는데 항상 미디엄 바디에 생기 넘치는 면모를 자랑하더군요. 2010 빈티지 역시 신선한 감귤, 라임 계열 과일의 느낌으로 차 있었습니다. 그러면서도 생기발랄한 느낌을 그대로 간직하고 있어 미네랄과 허브의 상쾌함이 전해졌습니다. 자연산미가 높아 굉장히 깔끔한 맛이 인상적이었습니다. 앞서 맛본 푸이이 퓌세에 비하면 둘 다 오크 느낌이 없고 산도가 뚜렷했지만 푸이이 퓌세가 구조적으로 더 단단한 것 같았습니다.

3. 미국 캘리포니아산

샤토 생 진 소노마 카운티 샤르도네(Chateau St. Jean Sonoma County Chardonnay) 2010

매우 밝은 인상의 활기찬 와인으로 감귤류와 열대 과일의 향, 볶은 견과류의 향이 잘 버무려져 있었고 전체적으로 밸런스가 좋아 입안에서 감도는 맛이 편안하면서도 풍부했습니다. 크림 같은 질감과 생기 있는 산도 사이의 균형을 잘 잡아내어 비대하거나 무겁지 않고 깨끗한 뒷맛을 느낄 수 있었습니다.

4. 호주산

얄룸바 에덴 밸리 샤르도네(Yalumba Eden Valley Chardonnay) 2009

담황색의 오묘한 빛깔을 내고 있었습니다. 레몬, 멜론, 무화과 같은 상큼한 과일의 향과 향신료인 육두구 같은 향이 버무려져 꽤 매력적인 풍미를 지녔습니다. 입안에서는 복숭아와 멜론의 풍미가 신선함을 유지하면서도 병 속에서 매우 잘 숙성된 모습이 느껴졌습니다. 충만한 느낌을 줄 정도로 크림 같은 질감을 지녀 다섯 가지 샤르도네 와인 중에서 가장 마음에 들었습니다.

5. 칠레산

몬테스 알파 샤르도네(Montes Alpha Chardonnay) 2010

해안가로부터 멀지 않은 곳에서 재배된 포도로 만들어졌다고 하는데 열대 과일 느낌과 선선한 해풍이 만들어 주었을 감귤류 과일의 풍미가 생동감 있게 교차하고 있습니다. 적당한 유질감과 오크통 숙성에서 생긴 고소한 뉘앙스를 지니고 있는데, 살짝 드러나는 당도와 경쾌한 산도가 줄다리기를 잘하는 듯합니다. 세계적인 와인 전문지에서 자주 상위를 기록하는 와인답게 입안에서 고급스럽게 감도는 맛과 향이 인상적이었습니다.

총평: 카베르네 소비뇽은 레드 와인의 황제라고 불릴 정도로 전 세계적으로 가장 많이 재배되는 품종이더군요. 복잡 미묘함이 좋으며 탄닌이 강하다는 평가를 얻는 만큼이나 대체적으로 이 품종으로 만든 와인은 빛깔이 짙으며 과일향이 풍부했습니다. 물론 원산지마다 조금씩 향과 맛의 차이가 있긴 했지만 풍미가 뛰어나 양질의 와인을 맛볼 수 있었습니다.

샤르도네로 만든 와인들은 옅은 지푸라기 색에서부터 담황색에 이르기까지 다양한 빛깔을 내는 것이 특징이더군요. 그 특징대로 위의 다섯 가지 와인들도 다양한 빛깔을 내고 있었습니다. 하지만 전반적으로 우아한 기품이 느껴져 과연 화이트 와인의 여왕이라 불릴 만하다는 생각을 했습니다. 보존성이 좋아 빈티지가 높을수록 제 맛이 난다는 정보를 접한 후에는 좀 더 오래된 빈티지의 샤르도네 와인을 맛보고 싶다는 생각이 들었습니다.

품종이 같은데도 원산지가 다르다는 이유로 와인의 빛깔이나 향, 맛이 조금씩 차이가 나는 데에 꽤 흥미로움을 느꼈습니다. 아! 그리고 이번 과제의 의견은 같은 부서에서 일하는 이도나의 생각도 제법 반영했습니다.

"이번 과제를 내면서 내 나름대로는 고민하다가 타협한 부분이 있는데 혹시 알아맞혀 보겠나?"

"글쎄요……."

"바로 이상과 현실의 타협이라네. 즉 자네 주머니 생각을 하지 않을 수 없었다는 것이네."

"네? 그게 무슨 말씀이시죠?"

"그건 이런 얘기네. 카베르네 소비뇽에서는 보르도 그랑 크뤼나 미국 나파 밸리의 상급 와인을, 샤르도네에서는 부르고뉴 고급 화이트로 인정받는 것들 중 하나를 꼭 포함시키라고 하고 싶었네만, 그동안 자네가 전에 없이 큰돈을 와인에 써댔다는 것을 아는지라 욕심을 꾹 눌렀네. 그런 와인들을 제대로만 경험한다면 그 어떤 설명도 필요 없이 카베르네 소비뇽과 샤르도네의 위대함에 대해서 눈을 뜰 수 있단 말이야. 하지만 자네는 돈도 많이 썼고 또 아직 충분한 미각 훈련이 되어 있지 않아서 시기상조라고 판단했네. 자네가 원산지 다섯 곳의 샤르도네 와인을 고를 때 프랑스 부르고뉴 지역에서 푸이이 퓌세와 샤블리를 골랐지? 스타일을 놓고 보면 이 두 와인은 명확한 산미를 지니고 있고 오크통 숙성을 하지 않거나 절제하는 등 큰 차이를 보이지는 않는다네. 반면 푸이이 퓌세 말고 퓔리니 몽라셰(Puligny Montrachet)나 뫼르소(Meursault)처럼 오크통에서 발효되고 숙성되어 오트밀 같은 구수한 곡물과 나무 느낌이 나면서 좀 더 윤택하고 기름진 질감을 지닌 와인을 선택했다면 확연한 차이를 느낄 수 있었을 거야.

그건 그렇고 보고서에 굳이 이도나라는 이름을 쓴 건 이유가 있겠지?"

방 선생이 물었다.

"예, 그렇습니다."

"자네와 처음 만났을 때만 해도 연애하는 사람으로 보이지 않았는데. 내 짐작이 맞는다면 근래 들어서겠군."

"하하하, 예리하십니다."

"좋을 때군. 올리버 골드스미스라는 소설가가 있네. 그는 '나는 오래된 것은 모두 좋다. 오래된 친구, 오랜 세월, 오래된 관습, 오래된 책, 오래된 와인'이라고 말한 적이 있지. 무엇이든 오래되기 위해서는 긴 시간과 인내, 믿음, 애정이 필요하다네. 당연히 연인도 마찬가지겠지. 그런 의미도 있고 하니, 이번 과제로는 숙성 기간이 오래된 빈티지 와인이 좋겠군. 오래된 와인일수록 향이 깊고 더욱 폭넓고 관용적인 맛이 난다네. 이러한 와인은 지금의 자네에게 해줄 수 있는 덕담과도 같은 것이라네. 영 와인은 꼭 나를 이해해 달라고 소리치는 10대들 같고, 잘 숙성된 올드 빈티지 와인은 귀에 대고 나지막하게 속삭이는 듣기 좋은 목소리 같네."

방 선생은 말을 끝낸 후 미리 준비해 둔 과제물을 홍 대리에게 건넸다.

같은 와인으로 다른 빈티지 마셔 보기(수직 시음)

한 와인의 여러 빈티지를 맛 보는 것, 즉 와인을 고정하고 빈티지를 다르게 하는 시음을 '수직 시음(Vertical Tasting)'이라고 한다네. 이는 어느 한 와인에 대한 깊이 있는 이해를 원할 때 사용하는 방법이라네. 반면, 한 빈티지로 만들어진 여러 가지 다른 와인들을 맛보는 것, 즉 빈티지를 고정하고 와인을 다르게 하는 것을 '수평 시음(Horizontal Tasting)'이라고 하지. 이는 어느 해, 어느 지역에 대한 와인의 종합적인 인식을 갖고자 할 때 사용하는 방법이라네.

나는 수직 시음을 아주 좋아한다네. 가끔 친구의 옛날 앨범을 보는 경우가 있지? 그러면 그 친구의 현재 모습이 더 잘 이해되고, 앞으로 어떻게 변할지도 어느 정도 머릿속으로 그려 볼 수 있지 않은가. 바로 그것이 수직 시음의 매력이라네. 보통 수직 시음을 할 때는 세 빈티지 이상 마셔 보는 것이 의미가 있고, 최근 빈티지와 가장 오래된 빈티지 간의 차이가 최소 5년 이상 나는 것이 좋다고 할 수 있네.

"이번 과제는 정말 뜻깊군요. 그런데 수확 연도가 오래되지 않은 것도 빈티지 와인인가요?"

홍 대리가 물었다.

"빈티지는 포도를 수확하는 연도를 말하는 거라네. 즉, 그 연도에 재배한 포도로 만든 와인이라는 뜻이지. 그러니까, 2년 전이나 3년 전에 재배한 포도로 만든 와인도 빈티지가 될 수 있지."

"사실, 전 처음에는 오래된 와인만을 빈티지라 하는 줄 알았습니다."

"하하하, 그렇게 생각할 수도 있지. 빈티지 룩이라고 해서 낡은 느낌이 나지만 품격이 있는 옷이 유행을 타기도 하지 않던가. 그런 이미지 때문에 빈티지라고 하면 오래된 느낌을 먼저 떠올리기도 하지. 그런데 원래 빈티지의 사전적 의미는 '포도의 수확 연도'라네. 패션에 빈티지를 붙이는 이유는 숙성된 포도처럼 익숙한 느낌을 주는 옷이라는 걸 강조하기 위해서야."

"아, 원래 그런 뜻이었군요."

"빈티지 와인이 되려면 나라나 지역마다 약간씩은 다르지만 일반적으로 그해에 수확된 포도가 적어도 85퍼센트 이상 사용되어야 해. 그런데 문제는 그해에 수확된 포도라고 다 같은 품질을 가지고 있지는 않다는 거지. 충분한 산도와 탄닌을 지닌 와인만이 오래 보관해도 그 맛이 떨어지지 않을 뿐 아니라 되레 오래 둘수록 더 깊은 맛을 내지. 사실, 오래 보관할 수 있는 와인은 극소수에 불과하다네. 최상급 포도주는 100년 후에도 마실 수 있지만 대부분의 빈티지 와인은 10년이나 길어도 20년 정도만 견딜 수 있지. 병에서 오랫동안 견디는 와인은 맛이나 향이 강한 와인이기 때문에 화이트 와인보다는 레드 와인이 더 적절하다고 할 수 있네.

빈티지 와인은 그해의 기후 조건에 따라 맛이 결정되지. 그래서 와인을 즐기는 사람들은 와인의 출생 연도인 빈티지를 대단히 중요하게 생각한다네.

그 때문에 유럽에서는 빈티지 차트를 만들어 두는데, 이 차트는 와인 선택에 유용한 자료가 된다네. 빈티지 차트는 보통 와인 평론가들이 만들어 배포하는데, 어느 국가 어느 지역의 몇 년 빈티지가 얼마나 좋았고 또 어떤 성격의 빈티지였나 하는 것을 하나로 모아 둔 표라네. 빈티지의 '좋음'과 '힘듦'은 점수로 표현되기 마련이지."

"힘듦이라니요?"

"와인 생산자들은 대자연에 대한 존경심이 깊어서 '나쁜' 빈티지라는 표현보다는 좋은 와인을 만들기가 '힘든' 빈티지라고 표현하는 경향이 있네."

"아!"

"빈티지의 특성은 알파벳 대문자로 표시되어 점수 다음에 따라 붙는다네. 예를 들어, T는 Tannic의 약자로 탄닌이 많아 아직 음용 적기에 이르지 못한 상태를, R은 Ready to drink의 약자로 지금이 음용 적기임을 나타낸다네. 빈티지 차트마다 다 범례를 두어 설명을 해주니 일부러 외울 필요는 없지."

방 선생의 설명을 듣다 보니 빈티지 와인에 대한 호기심이 더 커져만 갔다. 마치 사람처럼 와인 한 병에도 출생 연도와 성장 과정 같은 많은 이야기가 담겨 있다는 생각이 들어서였다.

"이번 과제는 정말 흥미롭네요. 수직 시음이라……. 저도 선생님처럼 이 테이스팅을 좋아하게 될 것 같아요."

"하하하, 그 선생에 그 제자가 아닌가."

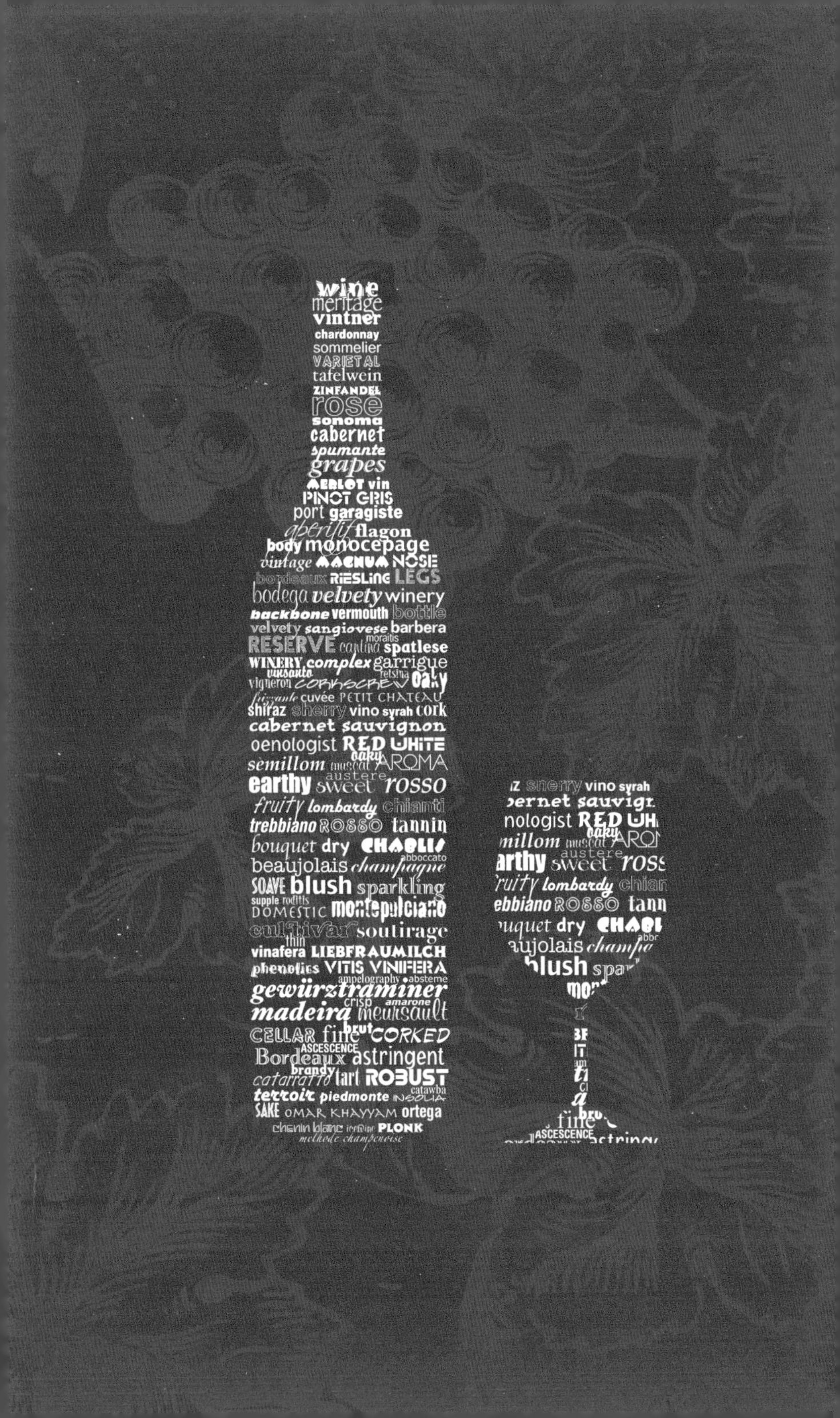

제5장

와인이 맺어 준
새로운 인연

동일 품종, 동일 산지의
다른 빈티지 마셔 보기

"와! 선배, 와인 동호회 티가 팍팍 나네요. 언제 다 이렇게 정리했대요?"

도나는 동호회 홈피를 보다 말고 부엌 쪽을 향해 물었다.

"어젯밤에. 토요일에 쉬니까 금요일 밤을 마음껏 활용할 수 있어 좋네."

홍 대리는 치즈와 크래커를 들고 나오며 말했다.

"생각보다 꼼꼼한 성격이네요. 그런데 동호회 이름을 와인광장이라고 한 이유가 뭐예요? 어, 나 지금 혼잣말한 거야? 뭐하고 있어요?"

홍 대리가 아무 대답이 없자 도나는 테이블 모서리를 살짝 두드렸다. 그때까지도 코르크 마개를 따는 데만 집중하고 있던 홍 대리는 깜짝 놀란 듯 고개를 들었다.

"아, 미안. 뭐라고 했어?"

"왜 와인광장이냐고요?"

"말 그대로야. 열려 있는 공간."

"흐응, 누구나 가입 가능하다는 말이죠?"

"당연하지. 누구나 다 자료를 올릴 수 있고, 누구나 다 자료를 볼 수 있고. 도나 씨도 얼른 가입해. 1호 회원으로."

"알았어요. 더 둘러보고."

"뭘 또 더 둘러봐?"

"꼼꼼히 따져 봐야죠."

"쳇, 무조건 가입도 몰라?"

홍 대리는 피식 웃고는 와인잔에 와인을 따랐다.

"무슨 와인이에요?"

"샤토 린치 바주(Chateau Lynch Bages) 2007년산."

"2007년산?"

"이번 과제는 빈티지를 다르게 해서 마셔 보기라고 했잖아."

"네, 알아요. 그런데 2001년, 2005년, 2007년이 있는데 왜 2007 년산부터 마시는지 이유를 알고 싶어서요."

"수직 시음은 보통 영 빈티지부터 올드 빈티지의 순서로 하는 게 일반적이야. 잘 숙성되어 풍미의 표현력이 좀 더 좋은 올드 빈 티지를 먼저 맛보면 상대적으로 표현력이 제한된 영 빈티지들의 모습이 위축되어 보이기 때문이랄까. 유럽에서도 와인을 곁들인 정찬의 경우에도 그날의 하이라이트 와인은 가장 마지막에 마시는 게 전통인데 그 와인들은 올드 빈티지인 경우가 많아. 그런데 그건 어디까지나 일반적으로 그렇다는 것이고, 예외는 언제나 있어. 우리는 배우는 입장이니까 가장 어린(young) 2007년산부터 시음해 보자. 보르도의 2007년은 습한 여름으로 계속 고전하다가 수확 2주 전에 날씨가 좋아져서 정말 막판에 빈티지의 명운이 극적으로 바뀐 할리우드 무비 스타일의 빈티지래. 할리우드 영화 보면 주인공이 죽도록 고생하다가도 마지막에는 준비된 한 방을 날리고 악당을 물리치잖아. 반면 2005년은 일 년 내내 좋은 포도를 재배하기에 적당한 조건이었지. 여름부터 초가을까지 일조량이 많았거든. 그러면서도 강우량은 그다지 많지 않았고. 그런 기후 조건에서 재배된 포도로 만든 와인은 탄닌이 힘이 있으면서도 아주 부드럽지. 그래서 2005년도 와인부터 마시고 싶었어."

"그래요? 어? 그런데 그런 건 어떻게 알았어요?"

"빈티지 차트를 봤지."

"아, 와인의 인사기록부?"

"알고 있네?"

"빈티지 차트는 각 지역별로 매 빈티지의 수준과 특성을 한눈에 볼 수 있도록 정리한 거잖아요."

"그래. 그걸 봤더니 프랑스의 보르도에선 2000년과 2005년,

2009년의 기후 조건이 아주 좋았더라고. 하지만 빈티지별로 여름에 비가 많이 왔네, 건조했네 하는 정보까지는 알려 주지 않아. 그건 따로 알아봤지."

"샤토 린치 바주 2007년산은 강렬한 존재감은 없지만 고급스럽고 아름답네요."

"나도 보르도 그랑 크뤼는 처음 마셔봐. 그런데 이 정도라면 구조적으로 매우 탄탄하다거나 탄닌의 존재감이 확실한 것은 아닐 것 같아. 잔이 충분하게 있으니 2005년산과 2007년산을 미리 따라 두고 비교를 해보자. 아, 그리고 색을 잘 관찰하기 위해 흰 종이를 와인잔 아래 깔고서 해보자."

"2007년산은 2005년산보다 2년이나 어린 와인인데도 색깔은 오히려 2005년산이 더 짙어 보여요. 2007년산은 색이 약간 덜 짙다는 게 느껴지네요. 책에 나온 대로 잔을 45도가량 기울이고 보니까 2001년산의 경우 잔과 와인이 닿아 있는 주변부의 색깔이 다른 두 와인에 비해 옅은 게 잘 보여요. 적벽돌 색깔이네요. 그리고 향에서는 2005년산은 잘 익은 과일 향이 깊게 느껴지네요. 반면 2007년산은 유순하거나 젠틀하다고 할까요."

"나도 그래. 2005년은 짙은 루비 색이 인상적이고 향도 훨씬 꽉 들어찬 느낌이야. 장래가 매우 촉망되는 신입사원? 아! 나도 그런 시절이 있었나?"

"잔말 말고 시음이나 계속 해요."

"다른 의견도 내봐."

"다른 느낌을 가져야 다른 의견도 내죠."

"하하하, 와인 취향도 닮아 가는 건가?"

"뭐, 이 정도로? 어디 보자. 2001년산도 이제 향을 한번 맡아 봐요."

"그러지 뭐."

홍 대리와 도나는 세 빈티지를 차례차례 마셔 본 다음 그 느낌에 대해 서로 대화를 나눴다. 공통된 주제를 가지고 집중해서 대화를 나누는 것이 꽤나 즐거워진 홍 대리는 문득 행복이라는 게 멀리 있지 않다는 생각이 들었다.

"벌써 취했어요? 실없이 웃기는."

도나가 말했다.

"내가 웃었어?"

"웃었어요. 입 큰 고양이처럼 씨익."

"좋아서 그래, 좋아서."

"뭐가? 내가?"

"아니, 와인이."

홍 대리는 그렇게 말하고 다시 한 번 웃었다. 도나의 말마따나 정말 입 큰 고양이처럼 씨익.

와인 동호회 '와인광장'의 회원을 모집한다는 글을 올린 지 닷새가 지나도록 단 한 명의 회원도 가입하지 않았다. 하지만 홍 대리는 그다지 실망하지 않았다. 어차피 온라인 카페의 특성상 어느 정도 시간이 필요한 일이었고, 그렇지 않다 해도 오히려 와인에 관한 정보를 더 올릴 수 있는 시간이 생겼다고 여기면 될 일이었다. 사실, 홍 대리는 카페를 만드는 그 순간에도 자신이 올린 자료가 부족한 것은 아닌지, 좋은 정보를 제공하지 못하면 어쩌나 하는 고민을 했다. 그런데도 더 이상 미루지 않았던 건 도나 말마따나 뭔가를 완전히 알 수 있는 때라는 건 없고, 결과보다는 과정이 중요하다는 생각이 들었기 때문이다. 게다가 카페 활동이 시작되면 그 공간은 회원들과 함께 만들어 나가는 공간이 될 거라는 믿음이 있어서이기도 했다. 자신이 부족한 점은 다른 사람에게서 채우고, 다른 사람이 필요한 것은 자신이 만들어 나가며 하나씩하나씩 완성될 것이다.

　"생각해 봤는데, 주변 사람들부터 가입시키는 건 어떨까요?"

　도나는 노트북을 뚫어져라 쳐다보다 말고 홍 대리에게 말을 시켰다. 마침 그때 홍 대리는 『와인, 그것이 알고 싶다』라는 책을 읽다 말고 고개를 드는 중이었다.

　"아, 선배도 무슨 좋은 생각이 났어요?"

홍 대리가 할 말이 있다는 표정을 하고 있는 것을 보고는 도나가 물었다.

"그런 건 아니고. 샴페인도 와인의 일종이라는 거 알고 있었어?"

홍 대리는 방금 전 자신이 읽은 내용이 신기해 도나에게 말해주려 했던 것이다.

"샴페인도 과실주잖아요. 스파클링 와인의 일종으로 알고 있어요."

"그래? 사실, 난 샴페인은 그냥 샴페인으로만 생각했지, 와인과 연관 지어 생각하지 못했네. 어, 그러고 보니 왜 그랬을까?"

"그럴 수도 있죠, 뭐. 그런데 갑자기 샴페인은 왜요?"

"아, 지금 읽고 있는 부분이 샴페인에 관한 거였거든."

"그래요? 그 책에선 뭐라고 설명하고 있어요?"

홍 대리는 책을 소리 내어 읽기 시작했다.

프랑스 동북부에 있는 샹파뉴(영어식 발음으로는 샴페인이다) 지역에서는 오래전부터 와인을 생산해 왔다. 이 지역의 연간 평균기온은 10℃가 넘지 않을 정도로 기후가 혹독해 포도의 산도가 높은 편이다. 평균기온 9℃가 포도의 생육에 필요한 최저 온도인 것을 감안한다면 포도 재배에 그다지 좋은 환경이라 할 수 없다. 봄에 내리는 서리는 꽃봉오리와 어린 포도나무에게 위협이 되므로 포도 밑동마다 난로를 피워 따뜻하게 해주어야 할 정도다. 그러나 바로 이 때문에 이 지역에서 생산된 포도의 맛은 독특하다. 와인 생산자들은 유리병과 코르크 마개의 발견으로 와인을 오랫동안 보관할 수 있게 되었다. 하지만 샹파뉴 와인은 병속에서 발효가 진행되어 와인에 거품이 발생하는 현상이 생긴다. 그것은 추운 샹파뉴 지역에서는 이스트(효모)가 포도당을 알코올로 전환하는 발효 과정 중에 겨울 추위로 들어서는 이 지역의 기후 때문이다. 활동성이 저하된 이스트는 포도당을 완전히 알코올로 바꾸지 못한 채 겨울잠을 자기 시작해 다음 해 봄에 기지개를 켜며 남아 있는 당분을 알코올로 전환시킨다. 발효 과정 중에는 탄산가스가 부산물로 생성되므로 유리병은 탄산가스로 인해 올라간 압력을 견디지 못하고 자주 터져 버렸던 것이다. 이러한 기포 생성의 원리를 터득하고 기포를 의도적으로 병에 포집하여 두었다가 코르크 마개를 뽑는 순간 그것을 내뿜게 만든 것이 바로 샴페인인 것이다.

샴페인의 개발에는 성직자들이 많은 노력을 기울였는데 그중 가장 크게 기여한 인물은 17세기 말 사람으로 성직자였던 동 피에르 페리뇽(Dom Pierre Perignon. Dom은 남자 수도사를 의미한다)이었다. 그는 자신이 있는 수도원의 재정적 문제를 해결하기 위해 오랫동안 샴페인을 연구해 마침내 개발에 성공했다. 그러나 당시 샴페인은 오늘날처럼 거품이 많은 편은 아니었다. 예전의 샴페인은 단 한 번 발효를 시켰지만 오늘날 샴페인은 두 번 발효를 시키기 때문이다.

샹파뉴 와인에 주로 사용되는 포도 품종은 피노 누아, 피노 뫼니에, 샤르도네이며, 중요 포도 산지는 몽타뉴 드 랭스, 발레 드 라 만, 코트 데 블랑 등이 있다.

샴페인은 두께가 얇고 투명하며 긴 잔을 사용해 마시는 게 좋다. 샴페인의 색을 투명하게 만드는 것은 위로 솟아 올라오는 기포들을 즐겁게 감상하기 위해서다.

홍 대리가 샴페인에 관한 부분을 다 읽자 도나는 갑자기 샴페인이 마시고 싶어졌다면서 지금 당장 샴페인을 사러 가자고 졸랐다.

"지금?"

"네."

"축하할 일이 있는 것도 아니고, 딱히 기분 낼 일이 있는 것도 아닌데?"

"그럼 어때요? 축하할 일은 만들면 되고, 기분은 지금부터라도 내면 되지."

"그런가?"

"그렇다니까요."

도나가 어찌나 확신을 가지고 말하는지 홍 대리는 피식 웃고 말았다.

"아참, 조금 전에 제가 한 말 기억해요?"

"뭐라고 했는데?"

"주변 사람부터 포섭하기."

"그럴 만한 사람이 있을까?"

"있어요. 마케팅 부서의 승미 씨 알죠? 그 친구도 와인 배우고 싶다고 했거든요."

"이승미 씨 말하는 거지?"

"네."

그녀라면 단체 회식에서 몇 번인가 옆자리에 앉아 말을 나눈 적이 있긴 했다. 꽤 차분하고 조용한 여자라는 인상을 받았는데 그녀가 과연 동호회 활동 같은 걸 하려고 할까 싶었다. 그 말을 하자 도나는 깔깔 웃으며 그런 걱정은 하지 말라고 했다.

"승미 씨 별명이 뭔지 알아요?"

"뭔데?"

"두 얼굴의 승미."

도나의 말에 따르면, 그녀는 낯가림이 심한 편이라 친한 사람이랑 있을 때와 그렇지 않은 사람이랑 있을 때가 다르다고 했다. 친하게 지내는 사람 앞에서는 거침이 없고 활달하지만 그렇지 않은 사람과 있을 때는 묻는 말에만 겨우 대답할 정도로 소극적으로 군다는 것이다.

"그리고 또 누가 있을까…… 아!"

도나는 골똘히 생각하다 말고 갑자기 눈을 반짝 빛냈지만 곧 고개를 절레절레 흔들었다.

"왜?"

"김 대리님은 역시 안 되겠죠?"

와인 동호회를 만들면 김 대리가 관심을 가지고 가입하지 않을까 생각하지 않은 건 아니었다. 본인이 가입한다면야 굳이 막을 것까지야 없겠지만 먼저 손을 내미는 건 아무래도 탐탁지 않았다.

"김 대리님은 선배랑 동기인 데다 동갑이잖아요. 좀 더 잘해 주면 좋을 텐데."

"내가 잘해 주고 못해 주고 할 문제가 아니야. 나만 보면 시비 걸 생각부터 하고 있는 것 같다고."

"내가 보기엔 선배도 만만치 않아요. 정말 왜 그러는지 모르겠네. 웬만큼 나이도 있는 사람들이. 게다가 와인광장이라면서요. 광장, 열려 있는 공간."

홍 대리는 도나의 가벼운 질타에 대꾸할 말을 찾지 못했다. 그녀의 말마따나 김 대리에게 특히 속 좁게 군 것 같기도 했다. 그런데도 어쩐지 억울한 마음에 홍 대리는 혼잣말처럼 중얼거렸다.

"괜히 싫은 사람도 있는 법이잖아."

"그러지 말아요. 김 대리님이 나쁜 사람은 아니잖아요. 다만 사람과 관계를 맺는 방법을 잘 알지 못해 촌스러운 구석이 있을 뿐이에요. 조금만 더 이해하려고 노력하면 이해 못할 일도 없잖아요. 모든 사람이 다 세련된 커뮤니케이션을 할 수 있는 건 아니니까."

생각해 보면 먼저 말을 걸었던 건 언제나 김 대리였다. 부서가 달라 친하게 지낼 여지가 많지 않았는데도 좋은 말이든 나쁜 말이든 서로 주고받다 보니 어느 순간엔가 허물없이 반말하는 사이가 되어 있었다. 그렇다 해도 역시 동호회 가입을 권유할 생각은 들지 않았다.

"그런데 샴페인은 언제 사러 나가요?"

도나가 화제를 돌렸다. 사실, 더 생각해 봐야 답이 나올 것 같지도 않았던 참이라 홍 대리는 "지금 나가자"고 말하며 일어섰다. 그때였다. 방 선생에게서 문자 메시지가 왔다.

"왜요?"

홍 대리가 문자 메시지에서 시선을 떼지 못하는 것을 보고 도나가 물었다.

"내일 오르에서 만나자고 하네."

"오르?"

"방 선생님 회사 근처에 있는 와인바야."

"그래요? 그런데 왜 만나자는 거예요?"

"내일이 마지막 과제물을 제출하기로 한 날이거든. 원래는 내일 이메일로 보내려고 했는데. 만나자는 걸 보니, 이별주라도 할 생각 인가? 평소에는 그분 사무실에서 만났는데⋯⋯."

"설마 그러려고요. 마지막 과제까지 온 걸 서로 축하하자는 의 미겠죠."

"마지막 과제라고 생각하니, 괜히 마음이 복잡해지네."

"그러고 보니 오늘 꼭 샴페인 마셔야겠네요."

"왜?"

"그동안 열심히 과제를 수행해 마지막 과제까지 왔잖아요. 축하 의 의미."

"어허, 마음이 복잡하다니까."

홍 대리는 밉지 않게 눈을 흘기고는 외투를 걸쳐 입었다.

와인이 선물한 소중한 인연들

홍 대리는 부리나케 달려왔지만 약속 시간에서 20분이나 늦게 오르에 도착했다. 바에 앉아 있던 방 선생은 홍 대리가 문 안으로 들어서는 것을 보고는 손을 흔들었다.

"죄송합니다, 선생님. 오늘따라 퇴근이 늦었네요."

홍 대리는 그의 바로 옆에 앉으며 사과부터 했다.

"괜찮네. 오랜만에 비온디 산티 로소 디 몬탈치노(Biondi Santi Rosso di Montalcino)를 마시고 있었지. 지난 한 달 동안 일이 바빠서 이렇게 혼자 와인을 마실 여유도 갖지 못했어."

방 선생은 홍 대리의 잔에 와인을 따르며 말했다.

"어떤가?"

"빛깔이 정말 아름답네요. 검붉으면서도 투명한 것이 마치 검은 석류알 같다는 생각이 들어요. 부드러운 질감에 탄닌의 깊은 여운이 좋은데요."

"이탈리아의 토스카나에서 생산된 와인이지. 비온디 산티는 이탈리아에서는 국보급이야. 밸런스가 좋아 즐겨 마시지."

"아, 그렇군요. 그런데, 여기에서 만나자고 하셔서 놀랐습니다."

"왜?"

"첫 번째 과제를 수행했을 때, 앞으로 네 번의 과제를 더 해야 한다고 말씀하신 거 기억하십니까?"

"그랬지. 그 정도면 충분히 와인의 맛을 알 수 있다고 했지."

"오늘은 그 마지막 과제물의 답을 드리는 날입니다."

"알고 있네."

"이런 날에 평소와 달리 바에서 만나자고 하신 게 어쩌면 이별주를……."

방 선생은 홍 대리의 말을 잘랐다.

"별걱정을 다했군. 과제를 끝낸다고 사람 인연이 끊어지는 것도 아닌데."

"여자친구도 그렇게 말하더군요. 그래도 과제가 끝나면 이렇게 만나기도 힘들 것 같다는 생각이 들었습니다."

"살다 보면 주기적으로 약속을 하고 자주 만나던 사람도 그 약속이 없어지면서 인연이 끊겨 버리는 경험을 하기도 하지. 학교 졸업과 동시에 더 이상 만나지 않는 친구들, 다니던 회사를 그만두자마자 연락을 끊는 동료들, 오다가다 만났지만 결국 서로의 소식조차 알 수 없는 사람들, 이처럼 많은 만남과 이별이 우리 삶에 내재하고 있지. '회자정리'라는 말이 있지 않나. 만나면 언젠가 이별하게 되어 있다는 것이지. 단칼에 잘려 나가는가 하면, 입속의 사탕처럼 서서히 녹아 멀어지기도 하지. 사실, 따지고 보면 그리 안타까울 일도 아니네. 만남과 이별이 길거리에 구르는 돌멩이처럼 흔해 보여도 인연이라는 건 질기고 질겨 전혀 다른 장소에서 다른 모습으로 만나기도 하는 법이니까."

방 선생의 말을 듣다 보니 정말 오늘이 마지막이라고 생각해 하는 말인 것 같아 홍 대리는 적잖게 당황하며 무어라 대꾸하려 했다. 그러자 방 선생이 그보다 먼저 뒷말을 이었다.

"뭐, 그렇다고 지금 자네와 이별주를 마시자고 여기서 만나자고 한 건 아니야. 마지막 과제물을 직접 받고도 싶었고 축하주도 한 잔 사고 싶었고."

그제야 마음을 놓은 홍 대리는 "축하주요?"라고 되물었다.

"그렇다네. 그동안 꽤 잘 따라와 줬어."

"그런 거라면 제가 대접해야죠."

"하하하, 아무렴 어떤가. 하지만 더 이상 사양 말게. 내가 그러고 싶어 그러는 거니까."

"네, 선생님. 더 이상 사양 않고 마음껏 마시겠습니다."

"하하하, 그럼 이걸 비운 뒤에 한 병 더 마시자고. 간만에 마음

놓고 대화를 즐기지."

"네, 선생님."

홍 대리는 씩씩하게 대답했다.

"아참, 그리고 이거."

다섯 번째 과제물을 정리한 것을 방 선생에게 건네자 방 선생은
그 자리에서 바로 펼쳐 보았다.

 다섯 번째 과제에 대한 보고서

같은 와인으로 다른 빈티지 마셔 보기(수직 시음)

선정 와인 – 샤토 린치 바주

원 산 지 : 프랑스 보르도

세부 산지 : 포이약

등급 : 그랑 크뤼 5등급 (더 크게는 AOC 등급)

품종 : 재배 면적 기준으로 카베르네 소비뇽 75퍼센트, 카베르네 프랑 6퍼
센트, 메를로 17퍼센트, 프티 베르도 2퍼센트(실제 개별 와인에서의
블렌딩 비율은 이와 약간 다르다.)

2007년산

영 빈티지이지만 지금 마시기에도 무리가 없을 정도의 숙성도를
보여 주었습니다. 미디엄 바디의 와인으로 전체적으로 붉은 열매
과일(베리류)들의 느낌이 주를 이루며, 담뱃잎과 흙 내음도 느껴
졌습니다. 맛에서는 역시 붉은 과일의 맛과 함께 찻잎과 같은 약

간 쌉쌀한 느낌이 났습니다. 바디는 강하지 않지만 전체적인 풍미의 밸런스에서는 좋은 모습을 보여 주었고, 중간 정도 길이의 여운으로 마무리되었습니다.

2005년산

아직도 깊고 어두운 루비 빛깔을 띠며, 훨씬 진하고 탄탄한 느낌의 와인이었습니다. 2007년이 주로 붉은 과일 계열의 향을 간직했다면 2005년은 농축된 검은 열매 과일들의 느낌이었는데, 제품 설명서에서는 이를 블랙베리와 카시스(또는 블랙커런트)의 향으로 표현했습니다. 카시스는 시중에서 구할 수 없는 과일이라 그 느낌을 기억하려고 노력했습니다. 지금까지 맛을 봤던 다른 모든 레드 와인들과 다른 점이 있다면 이 와인에서 느껴지는 과일 풍미의 순도가 매우 높으면서도 대단히 우아하다는 것이었습니다. 입안에서의 풍미와 탄닌의 존재감이 뚜렷한 풀 바디 와인으로 산도 또한 정확하여 지나치게 무겁다는 느낌이 들지 않았습니다. 와인을 삼켰을 때 여운 역시 길게 지속되었는데, 고급 와인의 전형성이 바로 이런 모습이 아닌가 생각했습니다.

2001년산

검붉은 과일 향이 유연하게 나는 가운데 복합스러운 부케(와인이 숙성되는 과정에서 생성되는 향)를 나타냈습니다. 잘 관찰해 보니 새로 산 가죽지갑에서 나는 가죽 향, 흙먼지, 감초 등의 향을 느낄 수 있었습니다. 스펙트럼이 넓고 매우 매력적인 향들의 묶음을 보여 주었는데, 이것을 부케라고 한다고 책에서 보았습니다. 입안에서는 거친 느낌이 없이 부드럽고 잘 녹아내려 부드러운 탄닌을 지니고 있었습니다. '실크 같다(silky)'거나 또는 '벨

벳 같다(velvety)'고 표현하는 탄닌을 이 와인에서 제대로 느꼈습니다. 미디엄 바디와 풀 바디의 중간에 해당하는 바디에 2005년보다는 짧지만 꽤 긴 여운을 보여 주었습니다. 잘 숙성된 고급 카베르네 소비뇽의 대단함을 이 한 잔의 와인으로 어렵지 않게 알게 되었습니다.

총평: 마지막 과제여서 처음으로 보르도 그랑 크뤼에 도전해 보았습니다. 샤토 린치 바주는 그랑 크뤼 5등급이면서도 그 이상의 품질을 가지고 있다는 찬사를 받는 와인답게 확실히 매우 큰 만족감을 주더군요. 하지만 빈티지에 따라 향이나 맛의 차이가 느껴졌습니다. 선생님의 가이드라인을 참고하여 빈티지 간의 차이가 5년 이상 나게 했고, 각각의 특성이 다른 것들을 골라 보려고 제 나름으로는 여러 자료들을 찾아보았습니다. 그렇게 해서 2007년, 2005년, 2001년을 선정해 보았습니다.

결론적으로 대표적으로 좋은 빈티지인 2005년, 몹시 힘들었던 빈티지인 2007년, 그 중간 정도의 평년 수준 빈티지인 2001년은 한 와인이 각각 다른 기후 패턴에서 어떻게 표현되는지를 관찰하기에 매우 적합한 선택이었고, 그해의 기후에 따라 와인의 특성이 어떻게 달라지는지를 확실히 느낄 수 있었습니다.

"사실 다른 과제물에 비해 맛의 차이가 미미한 편이라 조금 어려웠습니다. 그래도 빈티지 차트를 보며 비교하는 재미가 꽤 좋던데요."

방 선생이 과제물을 다 읽은 기색을 보이자 홍 대리가 냉큼 말했다.

"하하하, 그럴 거라 생각했네. 그래도 잘해 냈군. 이번에도 여자 친구의 도움을 많이 받았나?"

"하하하, 그럼요. 제 여자친구는 선생님의 2호 제자입니다. 제가 선생님에게 배운 것을 고스란히 전해 주고 있거든요."

"좋을 때군."

홍 대리와 방 선생은 그 후에도 많은 대화를 나누며 와인을 즐겼다. 어느덧 시간이 흘러 바에서 나오자마자 홍 대리는 조심스럽게 물었다.

"연락드려도 괜찮죠?"

과제는 끝났지만 기꺼이 와인의 스승이 되어 준 방 선생과의 인연을 계속 이어 가고 싶었던 것이다.

"당연하지."

방 선생은 흔쾌히 대답하고 홍 대리의 어깨를 두드렸다.

"와인과 관련된 일이라면 언제든 질문을 하게. 와인과 관련없는 일이라도 가끔씩 만나고."

"네, 선생님."

"날이 정말 춥군. 어서 가보시게."

"택시 잡아 드리겠습니다."

"집도 사무실 근처라 걸어가면 된다네. 그나저나 자네가 문제군. 차를 끌고 오지 않았나?"

"저야 대리 기사를 부르면 되는걸요. 아, 그럼 잠시만 기다려 주시겠습니까? 제 차로 바래다 드리겠습니다."

"아닐세. 그냥 걸어가는 게 좋아. 적당히 취기가 돌 때 혼자 걷는 것도 꽤 기분 좋은 일이지. 그럼 잘 가게."

홍 대리는 방 선생이 길 저쪽으로 사라질 때까지 그 자리에 우두커니 서서 지켜보았다. 방 선생의 말마따나 과제를 주고받는 것은 끝났지만 사람의 인연은 쉽게 끝나지 않을 것이다. 그런데도 어쩐지 일단락을 맺었다는 기분보다는 아쉬움이 해일처럼 밀려들었다.

흔히 잘못 알고 있는 와인 상식

1. 캡슐을 돌려봐서 돌아가는 것이 잘 보관된 와인이고, 안 돌아 가면 잘못 보관된 와인이다.

와인이 끓어 넘치는 열화 현상이 생길 때 와인이 코르크 마개 위로까지 넘쳐서 병 입구 주위에 묻어나는 경우가 있다. 이렇게 유출된 와인이 병과 캡슐 사이에서 마르면서 캡슐이 병에 들러붙어 손으로 돌렸을 때 잘 돌아가지 않을 수 있다. 추측컨대, 이로 인해 그런 인식이 생긴 것 같다. 그러나 열화로 인한 와인의 유출이 없어도 캡슐은 얼마든지 돌아가지 않을 수 있다. 캡슐의 재질이나 병과의 밀착도가 와인마다 다르고 와인이 주로 보관된 장소의 습도도 얼마든지 영향을 미칠 수 있다.

2. 병의 하단이 깊게 파일수록 좋은 와인이다.

와인병 밑부분의 움푹 들어간 곳을 펀트(Punt)라고 부른다. 펀트는 와인을 잔에 따를 때 그 안에 엄지손가락을 넣고 따르라고 만들었다, 또는 와인병이 중심을 더 잘 잡고 서 있게 하기 위해서다 등의 여러 설명이 있는데, 가장 신빙성이 높은 설명은 와인이 숙성되면서 자연적으로 발생하는 침전물을 좀 더 효과적으로 모이게 하기 위해서라는 것이다.

고급 와인은 탄닌과 색소가 풍부해 장기 숙성에 적합하고 숙성 중에 침전물이 많이 발생할 수 있기 때문에 펀트는 매우 효과적으로 기능한다. 또 병 속에서 긴 시간을 숙성시킬 필요 없이 즉시 마셔야 하는 저가 와인 중에 펀트가 없는 것들이 심심치 않게 있으므로 이러한 설명도 설득력이 있다. 그렇다 보니 펀트가 있는 와인이 고급 와인이고, 깊이가 깊을수록 더 고급품이라는 선입견이 생겼을 것으로 추측된다. 그러나 펀트의 깊이와 와인의 품질은 '직접적'으로는 관련이 없다.

그런데도 사람들의 이러한 인식을 이용해 고급품에는 실제로 펀트가 깊은 와인병이 사용되는 일이 있으며, 와인병이 시각적으로 두드러져야 판매에 도움이 되므로 키가 더 크거나 두께가 더 두꺼운 유리병을 쓰는 경우 와인의 펀트는 더 깊어지게 되니 이러한 선입견이 모두 틀렸다고 말할 수도 없다.

3. 주석산염이 나오면 불량이다.

주석산염은 불량이 아니되 보통 불량으로 인식되어 고객과 판매자들 사이에 종종 논쟁의 빌미를 제공하는 '늑대의 탈'을 쓴 양이다. 학창 시절에 배운 염산이나 황산 같은 무기산과 달리 유기산의 일종인 주석산은 포도에 풍부하게 함유되어 있는데, 역시 포도 안에 있는 칼륨이나 칼슘 등의 미네랄과 결합하면 무색의 결정체로 변하여 침강한다. 이것을 주석산염이라고 하는데, 와인계에서는 크리스탈 또는 다이아몬드라는 별칭으로도 부른다.

고체이지만 물에 잘 녹는 주석산과 달리 주석산염은 무색·무취·무미의 결정체로 단단하고 광택을 띠며 일단 고체로 석출되면 다시 액체에 녹지 않는다. 레드 와인에서 발견되는 주석산은 레드 와인의 붉은 색소에 착색되어 붉은색을 띠므로 눈에 잘 보이지 않지만 화이트 와인에서 발견되면 눈에 확연히 보인다. 또한 화이트 와인은 경쾌함을 특징으로 하는 만큼 신맛의 역할이 중요하므로 주석산의 함유량이 높기 때문에 많은 양의 주석산염이 생길 수 있다.

와인이 숙성되면서 점진적으로 주석산염이 생기는 것은 자연스러운 현상이다. 문제는 추운 날씨에서는 주석산이 주석산염으로 쉽게 전환되어서 지나치게 많은 주석산이 생길 수 있다는 것이다. 이러한 우려 때문에 와인 생산자들은 와인의 온도를 일주일 정도 영하로 내려 많은 양의 주석산염이 생기도록 하고 이를 여과하여 제거한 후에 병입하는 경우가 많다.

중요한 것은 주석산염은 무미·무취한 물질이기 때문에 와인의 풍미에 해를 입히지 않으며 건강에도 전혀 해롭지 않다는 것이다. 와인을 잔에 따를 때 주석산염이 들어가지 않도록 조금만 주의하면 될 뿐 다른 문제는 없으니 주석산염이 생겼다고 불량 아닌 불량으로 오해받아 싸게 파는 와인이 있다면 서슴없이 잡을 일이다.

4. 코르크 윗부분에 흰색 곰팡이가 피어 있으면 불량이다.

주석산염과 마찬가지로 불량이 아닌 경우가 많다. 와인은 어둡고 약간 습한 곳에서 보관하는 것이 좋은데, 이런 환경에서는 곰팡이가 피기 쉽다. 생산자에 따라서는 와인을 병에 담고 코르크 마개로만 막아서 창고에 보관하고 있다가 주문이 들어오면 그때 병목에 캡슐을 씌워 출하하는 경우가 있다. 이런 와인은 캡슐을 벗겨 냈을 때 종종 흰 곰팡이가 피어 있는 경우가 있다. 곰팡이는 물론 다른 이유로 생길 수도 있고 와인에 나쁜 영향을 줄 수도 있지만 곰팡이가 피어 있다는 이유만으로 불량으로 단정 짓는 것은 옳지 않다.

코르크 스크류

와인에 대한 편견을 버려라

　　와인광장의 회원이 다섯 명이 되었을 때 첫 모임을 가지기로 한 것은 순전히 도나의 생각이었다. 그녀는 사내 동호회 성격이 강한 카페이니 오프라인 중심으로 활동하는 게 좋지 않겠냐고 말하며 다섯 명이 되면 무조건 첫 모임을 가져 와인 시식을 하자고 했다.

　　사실, 홍 대리는 열 명 이상의 회원이 가입하면 모임을 성사시킬 생각이었지만 도나의 말을 따르기로 했다. 일단 한번 모임을 가지면 동호회에 대한 소속감도 남달라질 것이고, 모인 사람들 중심으로 새로운 활동을 계획할 수도 있다는 생각에서였다. 그렇다고 아예 문제가 없는 것은 아니었다. 온라인상으로 가입을 했어도 오프라인 모임에 다 나오는 것은 아니었기 때문이다.

　　"그러다 우리 둘만 모일 수도 있을 거야."

홍 대리의 걱정에 도나는 걱정할 필요가 없다고 했다.

"두 얼굴의 승미 씨는 확실히 나온다고 했어요. 적어도 우리 둘만 만나는 일은 없을걸요."

그래서 정모 공지를 올린 것이지만 막상 그렇게 결정을 내리고 나니 서너 명 정도 만나 편안하게 와인을 마시는 게 좋을 것 같기도 했다.

결국 '와인광장'의 첫 정모 날이 왔다. 회사 근처에 있는 '즐거운 와인'이라는 와인바에 도착한 홍 대리와 도나는 다른 회원들이 오기를 기다리는 동안 사뭇 긴장된 표정을 짓고 있었다.

"왜 이렇게 안 오지?"

도나는 이제까지 희망적으로만 생각하던 것과 달리 시계를 보더니 결국 그렇게 말했다. 약속 시간에서 20여 분이나 지났으니 그녀의 걱정이 기우만은 아니었다. 홍 대리는 자신의 걱정마저 더할 수가 없어 조금만 더 기다려 보자고 했다. 그때였다. 와인바의 문이 열리고 승미 씨가 들어섰다. 도나는 승미 씨를 향해 손을 흔들다 말고 멈칫했다. 바로 그 뒤를 따라 김 대리가 들어섰기 때문이다.

"어, 김 대리님이에요."

도나가 깜짝 놀라서는 소곤거렸다. 홍 대리 역시 그가 들어서는 것을 보고 있었기에 고개를 끄덕였다.

"여기 오기 전에 가입했는데 확인을 못했나 보군."

홍 대리 바로 옆에 앉으며 김 대리가 말했다. 김 대리가 가입할 거라곤 생각도 못했던 홍 대리는 당황해서 고개를 끄덕였다.

"오늘 모이는 사람은 네 명인가?"

어색한 침묵이 감돌자 김 대리는 혼잣말처럼 중얼거렸다.

"영업부의 동호 씨도 참석하겠다는 문자가 왔었어요."

도나가 얼른 답하면서 슬쩍 홍 대리의 눈치를 살폈다.

"그럼 동호 씨만 오면 되겠네."

홍 대리는 그렇게 말하며 승미 씨와 김 대리에게 각각 와줘서 고맙다는 인사를 했다. 뒤이어 동호 씨까지 오자 그들은 와인에 대한 이야기를 본격적으로 나누기 시작했다. 다들 관심 있는 주제다 보니 처음의 어색함은 곧 사라지고 서로 말하지 못해 안달이 날 정도로 많은 말들이 오고 갔다.

"오늘을 위해 추천하고 싶은 와인이 있습니다."

어느 정도 분위기가 무르익자 홍 대리는 준비한 말을 꺼냈다.

"그냥 만나기보다는 각자 다른 사람에게 권하고 싶은 와인을 한 사람씩 돌아가며 추천하는 건 어떨까 싶은데. 이를테면, 오늘은 내가 추천하지만 다음 만남에서는 김 대리가 추천한다거나 하는 방식으로."

그 자리에 있는 사람들이 모두 동의하자 홍 대리는 이날 다 함께 마셨으면 좋겠다고 염두에 두었던 에로이카 리슬링(Eroica Riesling)을 주문했다.

"에로이카 리슬링이라면 미국 와인이잖아."

앞자리에 앉아 있던 동호 씨는 홍 대리가 시킨 와인 이름을 듣고는 눈살을 살짝 찌푸렸다. 홍 대리는 그의 모습에서 뭔가 마뜩지 않아 하고 있다는 것을 눈치챘지만 모른 척하고 자신이 그 와인을 선택한 이유를 설명하기 시작했다.

"동호 씨 말대로 미국의 위싱턴주에서 생산한 와인이죠. 리슬링은 원래 독일 모젤 지역과 프랑스의 알자스 지역에서 가장 번성하고 있는 백포도 품종을 일컫는 말입니다. 음식 친화형이라 거의 모든 음식과 궁합을 이룰 수 있는 성격 좋은 와인이기도 하고요. 리슬링하면 독일과 알자스를 떠올리는 사람들이 많은데 워싱턴주에서도 아주 신선하고 맛좋은 리슬링 와인을 만들어 내고 있습니다. 이는 신선한 발견이죠. 이러한 이유로 에로이카 리슬링을 오늘의 추천 와인으로 정했습니다. 여러분과 함께 신선한 발견을 해나가는 와인 동호회를 만들고 싶기 때문입니다."

홍 대리의 말에 다들 고개를 끄덕였지만 동호 씨는 뭔가 할 말이 있는 것 같은 표정을 짓더니 급기야 살짝 손을 들었다.

"제가 한마디 해도 되겠죠?"

"당연하죠."

홍 대리와 도나가 거의 동시에 대답하자 누군가 피식하고 웃는 소리가 들렸다.

"전 이 동호회가 전통 와인을 공부하는 곳인 줄 알았습니다."

홍 대리는 처음에는 동호 씨의 말을 이해하지 못하고 어리둥절해하다 곧 그가 말하는 전통 와인이라는 게 구세계 와인을 뜻한다는 것을 눈치챘다.

"그런데 첫 모임부터 유럽의 전통 와인이 아니라 비유럽 와인을 시음하는 이유를 알 수가 없군요. 비유럽 와인은 유럽 와인에 비해 역사와 전통이 없을뿐더러 그 풍미도 많이 떨어집니다. 사실, 전 우리 회사에도 와인 동호회가 생겼다길래 굉장한 기대를 가지고 가입했습니다. 그런데 전통 와인을 공부하는 곳이 아니라면 제가 이곳 회원으로 활동할 이유가 없는 것 같습니다."

동호 씨가 말을 끝내자마자 홍 대리는 와인광장에서는 신세계 와인, 구세계 와인 할 것 없이 모든 와인을 공부할 수 있다는 말을 하려고 했다. 그러나 그전에 김 대리가 먼저 입을 열었다.

"구세계 와인은 고급 와인이고, 신세계 와인은 저급한 와인인 것처럼 말씀하시는군요."

"뭐, 사실이 그렇지 않습니까?"

"구세계 와인은 1000년의 역사를 가지고 있지요. 그런 면에서 본다면 와인의 고향이 구세계인 것만은 분명합니다. 그곳에서 시작하고 발전시켰으니까요. 또 신세계에선 250년에서 300년 전 사이에 와인을 만들기 시작했지만 1960년대에 와서야 본격적인 근대화가 이루어졌으니 구세계 와인에 비해 그 역사가 굉장히 짧긴 하죠. 게다가 신세계 와인이 만들어지던 초기엔 구세계 와인에 비해 품질이 많이 떨어지기까지 했죠. 그도 그럴 것이 유럽 땅에서 생산되고 길들여졌던 포도 품종이 환경이 바뀌면서 제 역할을 제대로 해내지 못했으니까요. 그러나 지금은 신세계 와인도 구세계 와인 못지 않은 고품질의 와인이 많습니다. 최신 장비를 발 빠르게 도입했을 뿐 아니라, 과학화를 통해 좋은 와인을 생산해 내려는 노력을 게을리 하지 않았기 때문입니다.

특정 지역이나 품종에 얽매여 구세계 와인은 무조건 좋다고 하거나, 신세계 와인은 무조건 나쁘다고 하는 건 그다지 좋은 자세라고 할 수 없는데요."

홍 대리는 적잖게 놀라며 김 대리를 쳐다봤다. 확실히 그동안 와인을 공부했던 게 허사만은 아니었던 모양이다. 홍 대리는 동호 씨의 말에 반박하고 싶은 마음만 있었지 김 대리처럼 조목조목 따져 가며 말을 할 수가 없었다. 더군다나 방 선생에게서 이미 신세계 와인에 대한 설명을 들었는데도 막상 말을 하려니 한마디도 생각이 나지 않았던 것이다.

'하기야, 이제야 와인 맛을 조금 아는 주제인걸.'

애당초 와인에 대해 도가 터 방 선생으로부터 하산을 명령받은 것이 아니었다. 방 선생은 다섯 번의 과제를 해내면 와인의 기본 맛은 알 수 있을 거라고 말했다. 홍 대리는 자신이 딱 그 정도 수준인 데 갑갑함을 느꼈다.

'더 많이 알고 싶다……'

그런 생각이 들자 그 어느 때보다 방 선생의 가르침이 그리워졌다.

"무, 물론, 신세계 와인도 웬만큼 발전했죠. 하지만 아직도 구세계 와인의 폭과 깊이를 따라가진 못하고 있습니다."

살짝 당황한 동호 씨가 나름대로 반박을 했지만 이미 그의 말은 설득력을 잃고 있었다.

"와인의 매력은 다양함에 있습니다. 품종에 따라, 지역의 특성에 따라 다른 맛을 내죠. 다르다는 것은 다양함을 의미할 수는 있지만, 질이 좋고 나쁨의 기준이 될 수는 없습니다."

김 대리가 그렇게 말하자 동호 씨는 더 이상 말을 잇지 못하고 자기 앞에 놓인 와인잔을 입으로 가져갔다.

"역시 동호회 모임이 좋기는 하네요. 정말 오랜만에 듣는 토론이었어요. 각자 다른 생각을 가지고 있으니 서로에게 배울 점도 많겠어요."

도나가 분위기를 바꿔 보려고 쾌활하게 말했다.

"그런데 어떻게 와인 동호회를 만들 생각을 다 하셨어요?"

승미 씨가 물었다.

사람들의 눈길이 자신에게로 쏠리자 홍 대리는 멋쩍게 웃으며 말했다.

"와인은 혼자 마시는 술이 아니라 함께 마시는 술이라고 하더군요. 코르크 마개를 한번 뽑고 나면 공기 중의 산소와 결합되어 산화되기 쉽죠. 혼자 한 병을 다 마실 수는 없으니 남은 와인은 보관해 둘 수밖에 없는데, 보관한 와인은 코르크 마개를 처음 땄을 때처럼 신선하지 않잖아요. 가장 마시기 좋은 때에 다 마시려면 여러 사람과 함께 마시는 게 가장 좋은 방법이겠죠. 그리고 또 제가 존경하는 어떤 분은 와인은 대화를 즐기며 천천히 마시는 술이라고 하더군요. 이런저런 와인의 특성을 생각해 봤을 때, 혼자보다는 둘이, 둘보다는 셋이 마시는 게 좋을 것 같아서 동호회를 만든 겁니다."

"게다가 서로 와인을 추천하고 추천받으며 좀 더 다양한 와인을 즐길 수도 있고요."

도나는 홍 대리가 말을 끝내자 덧붙여 설명했다. 그 모습을 본 승미 씨가 "둘이 사귄다는 소문이 있던데…… 사실인가 보네"라고 말하자 김 대리와 동호 씨가 놀란 눈으로 홍 대리와 도나를 번갈아 쳐다봤다.

"쉿! 비밀이야."

도나가 승미 씨의 입을 막으며 장난스럽게 말했다.

와인이 알려 준 새로운 세상

"김 대리님이 또 자료를 올렸네요."

한참을 노트북 앞에서 동호회 게시판을 읽다 말고 도나가 말했다.

"이번엔 어떤 글이야?"

홍 대리는 읽고 있던 책을 덮으며 아무렇지도 않은 듯 물었다. 그러나 은근히 속이 쓰린 건 어쩔 수 없는 일이었다. 아무것도 몰랐을 때는 범 무서운 줄 모르고 달려드는 강아지처럼 김 대리가 와인을 겉치레로만 배우는 것이라고 비하했다. 그러나 김 대리가 동호회에서 활동하는 모습을 지켜보면서 자신이 얼마나 어쭙잖게 타인을 함부로 무시했는지 뼈에 사무치도록 느끼게 되었다.

"초보자들이 쉽게 마실 수 있는 와인이네요. 그것도 마트에서 저렴한 가격에 구할 수 있는 것들로요."

"그래?"

홍 대리는 도나의 뒤에서 노트북 화면을 은근슬쩍 쳐다보았다.

"마주앙 메독은 원체 대중적으로 인기 있는 것이긴 하죠. 가격도 저렴하고. 이것 말고도 김 대리님이 올린 와인들은 전부 1만 원대에서 2만 원대네요. 일단 가격이 저렴한 편이고 달달한 것들이 많아 누구든 쉽게 접할 수 있겠는걸요."

"그렇네."

"김 대리님이 다시 보이는데요."

"왜?"

"아는 게 많을수록 남들이 잘 알지 못하는 어려운 것들 위주로 말하기가 쉽잖아요. 아는 게 많다는 걸 보여 주고 싶어서. 하지만 김 대리님은 초보자들의 입장에서 초보자들이 그냥 편하게 마실 수 있는 와인 정보를 제공하면서 자신의 지식을 과시하지 않고 있어요."

"그런가?"

"인정할 건 인정해요."

"뭐, 내가 인정하고 안 하고가 중요한가."

"중요한 건 아니지만, 이번 기회에 김 대리님이랑 좋은 친구로 지내면 좋잖아요."

그러면서 도나는 와인 공부를 하기로 한 건 정말 잘한 일인 것 같다는 말까지 덧붙였다. 어쩐지 사람도 다시 보이는 건 와인 덕분인 것 같다고. 그건 홍 대리도 마찬가지였지만 알면 알수록 모르는 것이 더 많다는 느낌도 덩달아 들어 마냥 들뜨지만은 않았다. 더 많은 것을 알고 싶다는 욕심이 앞섰다. 김 대리에 대한 질투심이 작용했는지도 모르는 일이었다. 그러나 분명한 건, 그렇다 하더라도 예전처럼 아는 척이 하고 싶어서가 아니라 정말 알고 싶고, 더 깊이 즐기고 싶기 때문이라는 것이었다.

홍 대리는 도나를 집까지 데려다 주고 돌아오는 길에 운전대의 방향을 틀었다. 아무래도 지금 그에게 필요한 건 방 선생이었다. 기본기만 가지고 하산을 할 때가 아니었는데 하산을 해버렸으니 앎에 대한 갈증이 더 심할 수밖에 없었던 것이다. 그는 방 선생의 사무실로 들어서기 전에 일단 전화부터 걸었다. 무작정 들이닥치기보다는 허락을 구하는 것이 예의라는 생각이 들어서였다.

"2주 만이지?"

방 선생은 홍 대리를 반갑게 맞이하며 그동안 잘 지냈는지 안부를 물었다.

"네, 선생님. 시간이 벌써 그렇게 되었네요."

"와인 한잔 할 텐가? 닐 엘리스 쉬라즈(Neil Ellis Shiraz)라는 남아공 와인이 있는데, 지금 이 녀석을 한 잔 마시고 집으로 갈 생각이었거든."

"남아공에서 만든 쉬라즈라니 구미가 당기는데요."

홍 대리는 방 선생이 따라 준 와인을 한 모금 마시고는 잠시 후 자동적으로 블랙베리, 제비꽃, 후추의 맛이 나며 밸런스가 썩 좋은 것 같다고 자신의 느낌을 생각나는 대로 말했다.

"하하하, 그렇게 일일이 평가하지 않아도 괜찮아. 과제를 낸 것도 아닌데."

방 선생은 또 그냥 편안히 마시라는 말도 덧붙였다.

"그 과제 말입니다, 선생님."

말이 나온 김에 해야겠다는 생각을 하고 홍 대리는 조심스럽게 입을 열었다.

"과제가 왜?"

"다시 제게 과제를 주시면 안 되겠습니까?"

방 선생으로부터 예전에 한 번 '싫다'는 소리를 들은 기억 때문에 이번에도 그런 소리를 들으면 어쩌나 여간 걱정되는 것이 아니었다. 실제로 방 선생은 바로 대답을 주지 않고 와인을 마시며 시간을 끌기까지 했다.

"다시 이런 부탁을 하는 이유가 뭔가?"

한참 침묵이 흐른 후에 방 선생이 물었다.

"요즘 들어 하면 쉬운 것이 공부고 할수록 어려운 것도 공부라는 옛 시조 한 구절이 자주 생각나더군요. 와인에 대해 알면 알수록 제가 아는 건 태산의 티끌보다도 작다는 걸 더 깊이 느끼게 되더라고요."

"하하하, 겸손함은 사람을 성장시키는 동력이기도 하지. 자네가 그런 생각을 하고 있으니 내가 다 기쁜걸. 그래, 자네가 그러길 원한다면 한번 생각해 볼 만도 하지. 하지만 당분간은 자네 혼자 알아보는 과정을 즐기는 것도 괜찮겠다는 생각이 드는데."

"혼자요?"

"아, 혼자는 아니지. 자네는 이미 동호회 활동을 하기 시작하지 않았나."

"그렇긴 하지만……."

"길잡이는 필요하다는 거겠지?"

"네."

"책을 읽을 때 말이야. 한 작가의 책이 마음에 들면 그 작가의 다른 책을 또 사보게 되지. 그러다 보면 그 작가와 연결된 다른 작가에게도 관심을 갖게 되고, 혹은 그 비슷한 주제의 다른 책을 찾게도 되고. 그렇게 하나씩 찾아가다 보면 독서의 폭은 넓어지겠지. 와인도 그렇게 스스로 한번 찾아가 보는 길을 열어 보는 재미가 있을 걸세. 더군다나 자네는 혼자가 아니니 다른 사람들과 훨씬 더 다양하게 와인의 길을 모색할 수도 있는 거고."

"네……."

"그렇게 시간을 보낸 뒤 다시 수업을 청하게. 그땐 자네뿐 아니라 나 또한 훨씬 더 즐겁게 수업을 할 수 있겠지."

"네, 무슨 말씀인지 알겠습니다."

아쉽긴 하지만 방 선생의 뜻을 충분히 이해한 홍 대리는 흔쾌히 대답했다.

"다음 동호회 모임은 언젠가?"

"다음 주 수요일입니다. 그건 왜……?"

"모임에서 마실 와인을 선물하고 싶은데."

"아, 괜찮습니다."

"내가 괜찮지 않아. 잠시만 기다리게."

방 선생이 잠시 자리를 비운 사이 홍 대리는 테이블 위에 놓인 『와인 스펙테이터』라는 잡지를 펼쳤다. 잡지에는 와인을 소개하는 기사뿐 아니라 와인 관련 경제적 동향을 분석하는 기사까지 실려 있었다.

"와인과 경제를 연관시키기도 하는군요."

잠시 후 방 선생이 다시 들어서자 홍 대리가 말했다.

"최고급 와인을 투기의 대상으로 생각하는 사람들도 있으니까. 그렇지 않더라도 와인의 가격은 경제 상황과 밀접하게 관련되기도 하지."

"그렇군요."

"사실, 경제와 연관을 지을 수 있는 건 와인만은 아니지. 장바구니 물가라는 게 있지 않은가. 대파나 감자 같은 채소나, 소금이나 설탕 같은 것으로도 시장 물가를 파악할 수 있지. 그래서 어떤 것이든 한 분야에 정통하면 다른 분야로까지 시야를 넓힐 수 있다는 말이 나오는 걸세. 그건 그렇고 이걸 받게나. 베린저 프라이빗 리저브 카베르네 소비뇽(Beringer Private Reserve Cabernet Sauvignon) 2007이라네. 나파 밸리의 모자이크라고 할 수 있는 와인이지. 예전에 와인 원산지에 대해 설명할 때 범위가 좁아질수록 생산량은 줄면서 와인은 더욱 특별해진다고 한 것 기억나나?"

"네. 고창 수박을 예로 드셨죠."

"맞네. 이 와인은 그 반대적 사상으로 만든 것이라네. 말하자면 아주 좋은 작은 것들을 합하여 더욱 큰 하나를 만든 것인데, 베린저가 나파 밸리의 요처에 소유한 여러 개의 포도밭에서 재배된 포도 중에서 좋은 것들을 선별하여 블렌딩해서 만든 와인이라네. 나파 밸리의 모자이크란 표현은 그런 의미를 담고 있지. 이 와인은 향이 풍부하고 매우 복합적이라네. 충직하고 깊이가 있는 맛과 일관된 품질과 스타일이 이 녀석의 특징이야. 자네가 활동하는 동호회에서 함께 시음해 보게나."

"귀한 와인 고맙습니다."

"언제 기회가 되면 그 모임에 나도 초청해 주게."

"그래도 됩니까?"

"하하하, 자네는 정말 나이답지 않게 예의가 바르군."

"아 그게, 이상하게 선생님에게만……."

"그 말은 내가 다른 사람에 비해 어렵게 느껴진다는 말인가?"

"네, 아니, 예. 사실 좀 그렇습니다."

"하하하, 그럼 자네에게 난 피노 누아 같은 존재라는 말이군."

"피노 누아요?"

"피노 누아는 포도 품종 중의 하나지. 얇은 껍질 때문에 쉽게 터지고 태양에 오래 노출되지 않도록 조심해야 하기 때문에 재배하기가 힘들지. 와인으로 만든 다음에도 쉽게 변질되기 때문에 다른 와인에 비해 보관에 더 많은 신경을 쓸 수밖에 없거든."

"그런데 그렇게 까다로운 품종을 굳이 와인으로 만드는 이유는 뭡니까?"

"섬세하지만 복합적이고도 오묘한 맛을 내기 때문이지. 잘만 만들면. 그러니까 피노 누아는 최고급 와인으로 만들 수도 있고 최악의 와인으로 만들 수도 있는 그런 품종이라고 할 수도 있지."

"언젠간 꼭 피노 누아 품종의 진수를 느껴 보고 싶네요."

홍 대리는 정말 아는 것보다 모르는 것이 더 많다는 것을 새삼 느끼며 그렇게 말했다.

"자네와 다음에 수업할 일이 정말 기대가 되는군. 아주 좋은 학생이 되어 돌아올 것 같아."

"물론입니다, 선생님."

홍 대리는 그렇게 대답하곤 빙긋 웃었다.

출근 시간을 한 시간 앞당겨 출근한 지도 한 달을 훌쩍 넘어서
고 있었다. 그동안 홍 대리가 자신과의 약속을 지키지 못한 건 단
사흘밖에 되지 않았다. 자신과의 약속을 지켜 나가고 있다는 자신
감이 웬만큼 붙은 데다 아침에 생긴 한 시간을 신상품을 기획하는
데 썼기 때문에 '신상품 기획 공모전' 공모가 빨리 올라오기만을
바랐다.

　회사에서는 매년 11월 말쯤 공모전 공지를 올리고 12월 말까지
로 그 기간을 정해 두었지만, 올해는 어찌 된 일인지 12월로 들어
섰는데도 공모전 공지가 올라오지 않았다. 공모전 행사를 아예 없
애 버린 건지, 아니면 다른 해보다 좀 늦어지는 건지 알 수가 없어
애가 닳을 즈음이었다.

　평소처럼 오전 7시 30분에 회사 건물로 들어선 홍 대리는 엘리
베이터 옆에 붙어 있는 공지문을 보고는 자신도 모르게 탄성을 내
지르고 말았다.

　그토록 기다리고 기다렸던 '신상품 기획 공모전'을 알리는 공지
문이었던 것이다.

　"해보려고?"

　출근 시간이 비슷해진 뒤로 엘리베이터 앞에서 자주 부딪히게
된 김 대리가 언제 왔는지 옆에서 공지문을 보면서 말을 걸었다.

"대상을 받는 사람은 상품개발팀으로 옮길 수도 있다더라. 흠…… 상금은 없나? 상금은…….."

"상금이 문제가 아니야."

홍 대리는 들뜬 목소리로 재빨리 말했다.

"그럼 뭐가 문젠데?"

김 대리는 의외라는 듯 한쪽 눈썹을 추켜올리며 물었다.

"기회 제공."

"뭐?"

"내 꿈을 이룰 수 있는 기회 제공."

홍 대리는 차분하게 말했지만 마음은 이미 용광로처럼 달아올라 있었다.

"기회 제공이라……."

김 대리가 옆에서 중얼거리는 소리가 들렸다. 예전엔 무슨 말을 해도 비웃는 것처럼 들렸던 그의 목소리가 이번엔 그리 듣기 싫지 않았다. 오히려 동감해 주는 느낌이 들어 홍 대리는 살짝 고개를 돌려 그를 쳐다봤다.

"잘해 봐. 자네가 개발팀에 들어오면 나도 재미있을 것 같아."

"진심인가?"

"쳇, 이래 뵈도 마음에 없는 소리는 안 하네."

홍 대리는 껄껄 웃으며 한 팔로 김 대리의 어깨를 둘렀다.

"왜 이래? 징그럽게."

"김 대리야. 와인은 말이야, 정말 품이 넓어. 그렇게 생각하지 않나?"

홍 대리의 변화에 당황한 김 대리는 두 눈을 끔벅이며 쳐다봤다. 그러는 동안 엘리베이터의 문이 열렸다. 홍 대리는 엘리베이터 안으로 성큼 들어서고는 그때까지도 그 자리에서 뭔가에 홀린 듯 서 있는 김 대리에게 활기찬 목소리로 말했다.

"뭐해? 어서 들어와. 안 그럼 먼저 올라간다."

와인과 명언

- 와인은 가장 건전하며 위생적인 음료다. _파스퇴르

- 신이 남자에게 준 선물 가운데 와인은 여자 다음으로 좋은 것이다. _프랑스 속담

- 와인은 하나님이 인간을 사랑하고 인간이 즐겁게 사는 것을 보기 원한다는 증거다.
                                                    _벤저민 프랭클린

- 신은 물을 만들었지만 인간은 와인을 만들었다. _빅토르 위고

- 승리했을 때는 샴페인을 마실 자격이 되고 패배했을 때는 샴페인이 필요하다. _나폴레옹

- 와인을 마셔라, 시를 마셔라, 순수를 마셔라. _보들레르

- 와인은 사람의 마음을 즐겁게 해주며 이 즐거움은 모든 미덕의 어머니다. _괴테

- 와인은 점잖은 사람을 떠들게 만들고, 진지한 사람을 웃게 만드는 재능이 있다. _호머

- 와인이 없는 식사는 해가 없는 하루와 같다. _이탈리아 속담

- 와인과 희망만 있으면 모든 것이 가능하다. _스페인 속담

- 와인은 포도밭에서 흘러나오는 음악이다. _메릴린 클라크

- 와인은 물이 한데 모아둔 햇빛이다. _갈릴레오 갈릴레이

- 와인은 태양에 대한 대지의 화답이다. _마거릿 풀러

- 한 배럴의 와인은 교회를 가득 채운 성자보다 더 많은 기적을 일으킬 수 있다. _이탈리아 속담

인생과 비즈니스의 품격을 높여주는 와인 이야기

와인 천재가 된 홍대리

초판 1쇄 발행 2012년 8월 20일
초판 9쇄 발행 2022년 6월 13일

지은이 신성호
펴낸이 김선식

경영총괄 김은영
콘텐츠사업1팀장 임보윤 **콘텐츠사업1팀** 윤유정, 한다혜, 성기병, 문주연
편집관리팀 조세현, 백설희 **저작권팀** 한승빈, 김재원, 이슬
마케팅본부장 권장규 **마케팅2팀** 이고은, 김지우
미디어홍보본부장 정명찬
홍보팀 안지혜, 김은지, 박재연, 이소영, 이예주, 오수미
뉴미디어팀 허지호, 박지수, 임유나, 송희진, 홍수경
경영관리본부 하미선, 이우철, 박상민, 윤이경, 김재경, 최완규,
이지우, 김혜진, 오지영, 김소영, 안혜선, 김진경, 황호준, 양지환
물류관리팀 김형기, 김선진, 한유현, 민주홍, 전태환, 전태연, 양문현
외부스태프 스토리텔링 구성 김미조, 일러스트 심삭이

펴낸곳 다산북스 **출판등록** 2005년 12월 23일 제313-2005-00277호
주소 경기도 파주시 회동길 490
전화 02-702-1724 **팩스** 02-703-2219 **이메일** dasanbooks@dasanbooks.com
홈페이지 www.dasan.group **블로그** blog.naver.com/dasan_books
종이 (주)한솔피앤에스 **출력·인쇄** (주)북토리

© 2012, 신성호

ISBN 978-89-6370-777-8 (13320)